VIDEOLOGIAS

VIDEOLOGIAS

ENSAIOS SOBRE TELEVISÃO

COLEÇÃO
ESTADO de SÍTIO

EUGÊNIO BUCCI *e* MARIA RITA KEHL

BOITEMPO
EDITORIAL

Edição:	Ivana Jinkings
	Aluizio Leite
Assistência editorial:	Ana Paula Castellani
Revisão:	Alice Kobayashi
	Elaine Cristina Del Nero
Capa:	Andrei Polessi
Editoração eletrônica:	Raquel Sallaberry Brião
Produção gráfica:	Daniel Tupinambá
Fotolitos:	OESP
Impressão e acabamento:	Alaúde

CIP-BRASIL. CATALOGAÇÃO-NA-FONTE
SINDICATO NACIONAL DOS EDITORES DE LIVROS, RJ.

B922v

Bucci, Eugênio, 1958-

Videologias : ensaios sobre televisão / Eugênio Bucci, Maria Rita Kehl. - São Paulo : Boitempo, 2004 (Estado de sítio)

Apêndice
ISBN 85-7559-055-3

1. Televisão - Aspectos sociais. 2. Televisão - Influência. I. Kehl, Maria Rita, 1951-. II. Título. III. Série.

04-1358 CDD 302.23
CDU 316.776

1ª edição: junho de 2004
Tiragem: 3.000 exemplares

BOITEMPO EDITORIAL
Jinkings Editores Associados Ltda.
Rua Euclides de Andrade, 27 Perdizes
05030-030 São Paulo SP
Tel./Fax: (11) 3875.7250 / 3872.6869
e-mail: editora@boitempo.com
site: www.boitempo.com

Para Augusto Boal
M.R.K.

Para Fernando Haddad
E.B.

SUMÁRIO

Prefácio 7
Marilena Chaui

Introdução: O mito não pára 15
Eugênio Bucci e Maria Rita Kehl

1 ÀS VOLTAS COM O MÉTODO

A crítica de televisão 27
Eugênio Bucci

O espetáculo como meio de subjetivação 43
Maria Rita Kehl

Fetichismo 63
Maria Rita Kehl

2 A VIOLÊNCIA CONSTITUTIVA

Televisão e violência do imaginário 87
Maria Rita Kehl

Como a violência na TV alimenta a violência real – da polícia 107
Eugênio Bucci

Linha Direta. Com quem? 117
Eugênio Bucci

3 A REALIDADE FICCIONAL

Na TV, os cânones do jornalismo são anacrônicos 127
Eugênio Bucci

Visibilidade e espetáculo 141
Maria Rita Kehl

4 EXIBICIONISMOS
Três observações sobre os *reality shows* 165
Maria Rita Kehl

Com que corpo eu vou? 174
Maria Rita Kehl

A solidariedade que não teme aparecer
(ou o voluntariado para ajudar a quem ajuda) 180
Eugênio Bucci

5 O ESPAÇO PÚBLICO NO BRASIL
A História na era de sua reprodutibilidade técnica 191
Eugênio Bucci

Ainda sob o signo da Globo 220
Eugênio Bucci

Apêndice: Direitos do telespectador 241
Eugênio Bucci

Fontes dos artigos 251

PREFÁCIO

Marilena Chaui

A polissemia de um neologismo – *videologia* –, tomado tanto como referência à obra de Barthes, *Mitologias*, como com relação à palavra *ideologia*, é o ponto de partida, neste livro, para uma reflexão sobre os meios de comunicação de massa (particularmente a televisão) enquanto operação imaginária, na medida em que a imagem é simultaneamente alicerce, instrumento e resultado da operação midiática. Pensando menos na sociedade contemporânea como sociedade de massa ou de consumo e mais como sociedade do espetáculo, os autores enfatizam essa tríplice posição da imagem numa sociedade em que os seres somente são ou vêm à existência se forem dados à visibilidade imediata, ao ver (que, em latim, se diz com o verbo *video, videre*). Não se trata, todavia, de um ver qualquer e sim daquele que é instituído pela mediação tecnológica, econômica e política que define os meios de comunicação. Em outras palavras, os autores se interessam pelos meios enquanto mediação que institui o espaço público na sociedade contemporânea.

Isso significa, em primeiro lugar, que o olhar instituído pela mídia nada tem em comum com a experiência perceptiva do corpo próprio, uma vez que os meios de comunicação destroem nossos referenciais de espaço e tempo, constituintes da percepção, e instituem-se a si mesmos como espaço e tempo – o espaço é o "aqui" sem distâncias, sem horizontes e sem fronteiras; o tempo é o "agora" sem passado e sem futuro. Ou, como mostram os autores, a televisão se torna *o lugar*, um espaço ilocalizável que se põe a si mesmo num tempo imensurável, definido pelo fluxo das imagens. A televisão *é* o mundo. E esse mundo nada mais é senão a sociedade-espetáculo, entretecida apenas no *aparecimento* e na *presentificação* incessante de imagens que a exibem ocultando-a de si mesma.

Se assim é, as análises de *Videologias* são feitas de uma perspectiva precisa, qual seja, os processos de instituição mítica das significações, graças ao deslizamento contínuo dos significantes. A mídia seqüestra as significações estabelecidas tanto cristalizando-as em alguns significantes fixos quanto dissolvendo-as em significantes instáveis. Apanhando as significações histórica e socialmente instituídas, ora pode fixá-las como bases de um código de valores (bem e mal, belo e feio, justo e injusto, possível e impossível) que é devolvido e imposto à sociedade por uma instância que parece transcendê-la, ora pode alterá-las segundo critérios do mercado da moda, do mercado político, do mercado militar e outros. No primeiro caso, a fixação leva à naturalização das significações; no segundo, à sua flutuação permanente. Produzindo a adesão a todas elas não apesar de e sim graças a essa oscilação das imagens entre o eterno e o efêmero, a mídia produz videologias, a forma contemporânea do mito. A operação mítica, no caso da televisão brasileira, é realizada pelo que Eugênio Bucci designa como dueto entre fato e ficção, quando a realidade dos noticiários aparece como ficção e a ficção das telenovelas aparece como realidade, pois ambos se inscrevem no registro do entretenimento. Quando bem-sucedida (e tem tido sucesso), a operação mítica obtém o que Maria Rita Kehl designa como passagem da produção da identificação à da identidade – a tela da televisão não oferece modelos a imitar, mas se oferece como espelho no qual acreditamos estar refletida nossa própria imagem.

Ora, isso significa também que a instituição do espaço-tempo públicos pelos meios de comunicação, sobretudo pela televisão, é um ato de poder. Não o poder tal como estamos acostumados a pensá-lo quando fazemos a crítica da mídia, isto é, como ação de agentes determinados que deliberam sobre seu próprio agir em vista de conseguir dominação. Mudando o registro costumeiro das análises sobre a mídia, os autores nos fazem compreender que o poder midiático é um "mecanismo de tomada de decisões que permitem ao modo de produção capitalista, transubstanciado em espetáculo, sua reprodução automática". Em outras palavras, o sujeito do processo não são os proprietários dos meios de comunicação, nem os Estados, nem grupos e partidos políticos, mas simplesmente (e gigantescamente) o próprio capital. Dessa maneira, os autores se libertam e nos libertam de uma atitude maniqueísta e simplista sobre a forma, o conteúdo e o sentido do poder midiático. Sem dúvida, não negligenciam o poder econômico dos grupos proprietários nem a tendência oligopólica desse poder no Brasil, assim como não negligenciam o poder desses grupos para determinar efeitos políticos (como, por exemplo, resultados eleitorais) ou para ocultar fatos sociopolíticos (como, por exemplo, massacres e chacinas em larga escala). No entanto, a profundidade da análise consiste justamente em mostrar que essas ações *exibem* poder, mas não o *constituem*, pois sua constituição precisa ser procurada no modo de produção do capital.

Trata-se, pois, de decifrar o poder videológico. Para isso, colocando-se num patamar de análise novo, os autores procurarão decifrar a imagem e o imaginário (produzido pelo fluxo das imagens) tomando como referências conceituais as análises de Freud e Marx sobre o fetichismo. Por que essa referência? Porque os autores não se contentam em retomar análises que salientam as operações midiáticas como ações que visam ao desejo, mas buscam o modo de produção do imaginário contemporâneo pela compreensão crítica *da imagem enquanto imagem*, seja no nível do inconsciente individual, seja no nível do inconsciente social. Psicanaliticamente, o fetiche é um objeto imaginário por meio do qual ocultamos uma perda e uma falta intoleráveis – o fetiche é o objeto mágico de satisfação do desejo pela denegação da perda e da falta e por isso mesmo exprime a impossibilidade de lidar com a ausência e com a alteridade (ou a impossibilidade de passar da imagem ao símbolo). Marx, por sua vez, elaborou o conceito de fetichismo da mercadoria para descrever o processo social de inversão da realidade social, isto é, o fato de que, no modo de produção capitalista, em vez de as relações sociais serem relações entre sujeitos mediadas pelas coisas elas são relações entre coisas mediadas pelos sujeitos. Ou melhor, as mercadorias são fetiches porque parecem ter vida própria, personificam-se, enquanto os indivíduos que as produziram tornam-se peças de uma engrenagem produtiva, coisificam-se e relacionam-se entre si como mercadorias que produzem mercadorias. Entretanto, os autores dão um passo importante ao introduzir a diferença histórica, ou seja, as análises de Freud e de Marx referiam-se a uma sociedade do trabalho na qual o gozo e a satisfação deviam ser reprimidos para a manutenção da ordem social, mas trata-se, agora, de retomar o fetichismo numa sociedade do consumo e do espetáculo na qual o gozo e a satisfação se tornaram imperativos sociais e morais. É nesse novo tempo histórico que os autores redefinem o fetiche e sua instituição videológica e podem nos oferecer uma compreensão inteiramente nova de duas questões ético-políticas cuja discussão tem sido sistematicamente simplificada: a da violência e a da verdade/mentira.

Não queremos antecipar o conteúdo dessas análises e privar o leitor do impacto que elas certamente terão sobre ele quando, por exemplo, descobrir que a publicidade não inclui, mas exclui, ou que o obsceno nos *reality shows* não está no voyeurismo do espectador e sim no exibicionismo dos participantes, ou que uma ética da solidariedade só pode supor-se realizando o bem porque tem como pressuposto necessário o mal, isto é, a desigualdade e a injustiça sociais sem as quais parece não haver apelo a ações solidárias, as quais, enquanto imagens e, portanto, espetáculo, possuem valor de mercado e instituem a solidariedade no espaço do *marketing*.

Vamos, aqui, apenas mencionar dois resultados de grande envergadura, entre os muitos conseguidos pelos autores e que nos permitiriam agregar um terceiro sentido ao neologismo *videologia*, tomando-o como composição de vídeo e logia, isto é, *logos*, termo grego que significa, a um só tempo, palavra e pensamento. Como Erwin Panofski, que inventou o vocábulo *iconologia* para designar a análise e a interpretação da pintura, cremos que *videologia* também pode ser entendida como análise e interpretação do visível imaginário contemporâneo.

No ensaio sobre a relação necessária entre imagem/imaginário e violência, Maria Rita Kehl nos faz compreender que a violência da televisão não se encontra nos assuntos ou conteúdos veiculados por ela e sim *na sua forma intrínseca*, isto é, na imagem enquanto imagem, uma vez que esta é elaborada e transmitida de maneira não só a substituir o real, mas sobretudo para oferecer um suposto gozo imediato do telespectador e, com isso, impedir os processos psíquicos e sociais de simbolização, sem os quais o desejo não pode ser transfigurado e realizado e o pensamento não pode efetuar-se, isto é, a dúvida, a reflexão, a crítica, o diálogo encontram-se totalmente bloqueados. Paralisia do desejo no narcisismo, impossibilidade de simbolização e ausência de pensamento, a imagem televisiva, em sua imediateza persuasiva e exclusiva, só é capaz de propor e provocar *atos* sem mediação e é exatamente nisso que ela *é violenta* e sua violência transita livremente no interior dos indivíduos e da sociedade.

Eugênio Bucci, por sua vez, ocupa-se com os efeitos do fetichismo ou do imaginário midiático sobre o espaço público. Suas análises recusam tanto a compreensão do fenômeno pela oposição entre verdade e mentira quanto pela ação deliberada das empresas de comunicação, e enfatizam o vínculo entre fetiche (sedução, gozo narcisista), mercado (publicidade e consumo) e privatização como expressão do desaparecimento do espaço público republicano e democrático. Essa desaparição é, sem dúvida, mundial, mas no Brasil assume proporções insuspeitadas por duas razões principais: por um lado, porque a onipresença e a onisciência da televisão como mediação necessária – ou o que Bucci denomina *centralidade da TV* – foram fenômenos produzidos pela ditadura com sua política de integração e segurança nacionais ou de homogeneização ideológica do país; por outro, porque, ao contrário de outros países em que a imprensa diária e semanal e o rádio são tão ou mais relevantes do que a televisão, no Brasil a TV reina praticamente sozinha e sem rivais. Eis por que, escreve Bucci, "o Brasil se comunica pela televisão. O Brasil se conhece e se reconhece pela televisão, e praticamente só pela televisão, que reina absoluta sobre o público nacional, muitas vezes superior aos outros veículos (...) A TV dá a primeira e a última palavra e, mais do que isso, a primeira e a última imagem sobre todos os assuntos".

Esse conhecimento/reconhecimento instituído pela imagem do Brasil não opera somente no sentido de apagar as diferenças sociais e regionais reais ou reduzi-las a aspectos folclóricos, mas opera no sentido de ocultar o país. Esse ocultamento se efetiva por duas vias preferenciais: pela omissão de fatos reais ou por sua apresentação já interpretada e pelo dueto fato-ficção, ou seja, pela transformação do fato em fantasmagoria e da ficção em realidade cotidiana. A análise de Bucci, porém, vai mais fundo e nos faz compreender que é o fetichismo que torna possível e eficaz o ocultamento: a TV é fetichista não só porque institui fetiches, mas porque *a operação central da TV é ocultar-se a si mesma como veículo ou meio de transmissão.* Em outras palavras, seduzido, o espectador é arrastado pela transparência do que lhe é enviado e não se dá conta de que mantém uma relação determinada com o veículo, mas acredita relacionar-se diretamente com o mundo.

Sob o dueto fato-ficção ou telejornalismo-telenovela sucumbe o espaço público republicano e democrático, isto é, como já mostrara Maria Rita, a ausência de pensamento, dúvida, reflexão, crítica e diálogo. Não só a esfera pública passa a ser o domínio das operações do capital por meio das empresas de comunicação de massa, como também, na qualidade de público, os telespectadores são platéia e não cidadãos, isto é, definidos por direitos políticos, sociais, econômicos e culturais (como platéia são consumidores, mas, uma vez que não são cidadãos, nem sequer os direitos do consumidor são respeitados; donde, no final do livro, a proposta política de definição dos "direitos dos telespectadores").

Assim como Maria Rita desvenda na estrutura da imagem a violência constitutiva do poder videológico, assim também Eugênio desvenda na estrutura da operação por transparência (instituinte do espaço-tempo e do mundo imaginários) como ocultamento de si a eficácia constitutiva desse poder.

Livro inovador e instigante, contra a violência fetichista do imaginário, *Videologias* nos convida ao trabalho do pensamento; contra a violência política dos meios de comunicação, nos convida à busca de uma cultura democrática.

INTRODUÇÃO: O MITO NÃO PÁRA

Eugênio Bucci e *Maria Rita Kehl*

Mitologias, de Roland Barthes, acaba de ser reeditado no Brasil pela Difel. Mais que atual, o livro se confirma profético. Escrito entre 1954 e 1956, publicado na França em 1957, o exercício semiológico de Barthes tem como objeto o sistema de signos que compõem o imaginário das sociedades industrializadas (re)trabalhado pelos meios de comunicação de massa. Estes eram representados sobretudo pela imprensa e a publicidade, já que a televisão, na década de 1950, ainda era uma mídia de pouco alcance comparada ao cinema, aos jornais, às revistas e aos *outdoors*. Hoje, a televisão, acima de todas as outras mídias, ocupa o lugar da grande produtora de mitos e parece estar aí só para dar razão a Barthes. A ela, exclusivamente, dedicamos nossa atenção nos ensaios que compõem *Videologias*. A referência-homenagem ao livro de Roland Barthes não poderia ser mais explícita e mais necessária.

Não se procure pela origem do termo videologia. É um trocadilho um tanto fácil, que alguém poderia ter achado antes de nós, embora não tenhamos registro disso. De um modo ou de outro, não nos pretendemos inventores da palavra. Apenas consideramos oportuno trazê-la ao debate no alto de um livro como este. Aqui, essa palavra, mencionada apenas num dos ensaios, acaba servindo como elemento provocador (oculto) em cada parágrafo, como um fantasma a assombrar o texto. A palavra videologia é um trocadilho em aberto, cujo significado se consuma quando contraposto ao significado das mitologias barthianas ou ao significado do termo ideologia. Vivemos uma era em que tudo concorre para a imagem, para a visibilidade e para a composição de sentidos no plano do olhar. É nessa perspectiva que falamos em videologia, ou seja, na perspectiva de que a comunicação e mesmo a linguagem passam a necessitar do suporte das imagens num grau que não se registrou em outro período histórico. Os mitos, hoje, são mitos olhados. São pura videologia.

Voltemos então às mitologias, ou melhor, voltemos às mitologias tal qual elas se condensam nas palavras. Embora Barthes não diga isso exatamente nesses termos, podemos afirmar que as mitologias sacralizam certas mensagens, tornando-as pequenos objetos de significação inexpugnável. Dão a essas mensagens uma imobilidade que ao mesmo tempo é problema e solução: é problema porque a palavra que não se move morre, como bem avisava Bakhtin; ao mesmo tempo, é solução, um anestésico que conforta o humano confinado na prisão da linguagem. A palavra mitificada talvez se enrijeça na sua condição de palavra, mas revive sempre na sua condição de mito.

Não há sociedade que se sustente sem formular sua própria mitologia. O mito, no sentido tradicional, é o sistema criador de significações "indiscutíveis" (Barthes), que mascara o desamparo humano no reino da linguagem. A linguagem é a morada do homem, morada insegura. Sem o mito, ela não seria suportável. A linguagem, em vez de uma fortificação sólida e protegida, oferece no máximo uma tenda, prestes a ser desmontada a cada vez que seu ocupante sai em busca de sítios mais abrigados; uma tenda sujeita à ação dos ventos e das tempestades da história e dos abalos sísmicos do poder. Sabemos – na modernidade, mais do que nunca – o quanto é arbitrária a relação entre significante e significado; sabemos que as significações não foram atribuídas por Deus às coisas criadas, mas que são obra do acaso operando nas relações humanas. Não há um referente último que assegure, de um lugar fora da linguagem, a estabilidade das significações. A linguagem, de fato, é um lugar angustiante.

No início do século XX, Saussure identificou um deslizamento entre o significante e o significado. Um patina sobre o outro, sempre, deslocando os sentidos; o que não era passa a ser, deixando de ser no instante seguinte. Significantes e significados, como amantes fugidios, entregam-se e escapam-se, sem que se saiba direito por quê. No momento preciso em que há uma fixação de um sobre o outro, cristaliza-se a ideologia. O sujeito tem a sensação de que *as coisas fazem sentido!* Claro: sentido ideológico. A ideologia se movimenta justamente *sob* a paralisação do significado sob o significante (ou *sobre*, tudo é uma questão de ângulo), que produz o que Roland Barthes chamou de *naturalização* das significações, com a perda de seu caráter histórico e contingente. É interessante também pensar que o mito sustenta essa paralisação. Uma e outro, ideologia e mito, escondem do sujeito essa condição inevitável, a de que tudo é transitório, e tudo o que concerne ao homem é de responsabilidade dos homens, das relações de troca e de poder entre humanos. Tudo, inclusive ele, o sujeito, que, como define Lacan, nada mais é que um significante à deriva.

Desde sempre, os significantes transitam sem cessar. Michel Foucault dedicou *As palavras e as coisas* ao exame dos deslocamentos sofridos pela relação entre a linguagem e a verdade, desde o final da Idade Média no Ocidente. Tudo passa. Não existe, de fora da linguagem, um significante sólido que garanta a relação do conjunto dos significantes com a verdade das significações. Durante séculos, a humanidade apostou no nome de Deus para fazer esta função. "Não existe o Outro do Outro", disse Lacan em um de seus célebres aforismos, indicando que o homem não está desamparado apenas diante da natureza, mas no seio da linguagem. Por isso o mito necessariamente cimenta as estruturas de qualquer sociedade, pois fornece um suporte imaginário ao desamparo dos sujeitos *na linguagem.* No sistema de mitos próprio de cada cultura, o homem está "em casa".

O mito oferece um conjunto de conceitos indiscutíveis, de pouca ou nenhuma ambigüidade, compartilhado por todos os membros de um grupo, de modo a produzir, se não uma verdade, ao menos aquilo que Gustave Flaubert chamava "éffect du réel". Flaubert, escritor realista sem nenhuma ingenuidade a respeito da relação entre a arte e a "realidade", sabia que o real, para o homem, é um efeito do uso da palavra. Seu *Dicionário das idéias feitas* talvez seja um precursor intuitivo, sem aporte teórico explícito, das *Mitologias* do século seguinte. Nele, o autor descreve com grande senso de humor o sistema de "conceitos" de que o burguês oitocentista se valia para sentir-se confortável diante de tudo o que não fosse ele mesmo. O Outro nomeado pelas "idéias feitas" poderia ser a plebe ameaçadora, a aristocracia invejada, a natureza, a arte, a poesia que o burguês não conseguia alcançar, ou seus próprios afetos recalcados. O sistema de signos que o *Dicionário* de Flaubert analisa pelo simples recurso da ironia tinha a função de instalar aquela classe emergente num lugar seguro de onde o poder poderia ser exercido com maior eficiência, através do domínio dos códigos que regem o laço social. Quando um conjunto de significações que sustentam os sujeitos no campo simbólico se "naturaliza", o poder atinge sua máxima eficácia. Flaubert percebeu a operação que articulava os artifícios do uso da língua à acomodação de uma nova classe dominante em seu lugar recém-conquistado, na segunda metade do século XIX. Percebeu – e nisso consiste seu realismo – como é imenso o poder da palavra.

Cem anos depois, Roland Barthes vem denunciar o truque:

> O mito é uma fala *roubada* e *restituída*. Simplesmente, a fala que se restitui não é a mesma que foi roubada: trazida de volta, não foi colocada no lugar exato. É esse breve roubo, esse momento furtivo de falsificação, que constitui o aspecto transpassado da fala mítica.

Uma fala roubada. Mas roubada de onde? De quem? Por quem? Talvez, roubada da espontaneidade das práticas falantes que se instauram por ensaio e erro, entre os agentes sociais, tentando simbolizar os aspectos do real que se apresentam, sempre renovados, diante de nós.

Ora, eis aí uma descrição nada ruim do que faz a televisão: rouba falas (verbais, visuais, gestuais), todas falas "naturais", e as devolve aos falantes. Como se ela mesma, televisão, fosse uma falante – o que aliás ela é, mas isso não vem ao caso. Uns ainda crêem que a TV "influencia" a platéia, como se ela desse ordens de conduta para a platéia, como se fosse urdida, arquitetada, premeditada, num espaço exterior ao da própria linguagem compartilhada entre os falantes. Não é bem isso. Se a TV "influencia", ela influencia exatamente na medida em que precipita o mito, que já estava lá, na fala roubada, pressuposto. Em outras palavras, a TV só influencia porque é o elo que industrializa a confecção do mito e o recoloca na comunidade falante. A TV não manda ninguém fazer o que faz; antes autoriza, como espelho premonitório, que seja feito o que já é feito. Autoriza e legitima práticas de linguagem que se tornam confortáveis e indiscutíveis para a sociedade, pelo efeito da enorme circulação e da constante repetição que ela promove. A TV sintetiza o mito.

E quem controla a TV? Quem é o gerente da usina contemporânea dos mitos? A resposta aponta obrigatoriamente para o poder. Mas o poder não é bem o poder político, tal como ele costuma ser pensado, nem é também o poder de um grupo reduzido de homens sobre o conjunto da sociedade. O poder é algo mais industrial, ou superindustrial, como diria Fernando Haddad. O poder pode ser mais bem descrito, hoje, como o mecanismo de tomada de decisões que permitem ao modo de produção capitalista, transubstanciado em espetáculo, a sua reprodução automática. O poder, portanto, é a supremacia do espetáculo – a nova forma do modo de produção capitalista, como descobriu Guy Debord, nos anos 1960 – sobre todas as atividades humanas. O poder, enfim, é a gestão do espetáculo pelos seus encarregados que, no entanto, não são seus autores, mas seus subordinados.

Os homens é que fazem a língua, por certo, mas não a fazem como querem. Ninguém é "autor" da língua. Os sujeitos sociais não cessam de testar os limites da língua, transgredir suas normas, subverter o sentido dos termos de modo a adequá-los a novas necessidades expressivas. Este processo é inconsciente. O mesmo se pode dizer da gestão dos sujeitos que gerenciam imaginariamente a indústria que sintetiza a videologia – a mitologia da nossa era. A televisão funciona segundo processos inconscientes, tanto da parte dos emissores como da parte dos receptores, embora essas duas categorias sejam meras convenções imaginárias. As "novas necessidades expressivas" só se tornam (relativamente) conscientes quando advêm à palavra – mas aí talvez percam a graça e sobretudo a força, quando repetidas incansavelmente no repertório da TV. Os homens fazem a língua? Seria mais adequado dizer: a língua se faz através da fala dos homens. *Os homens fazem a língua antes de saber o que dizem.* Os homens fazem e consomem a televisão sem saber o que desejam.

É desse lugar das palavras e das significações, renovadas e estabelecidas fora do controle consciente dos agentes sociais, que o mito "pesca" (para não usar o termo "rouba", pleno de conotações morais negativas) as falas que vai instaurar em *um outro lugar*. Claro que o mito não é o sujeito dessa operação, e sim o seu produto. A apropriação das falas pelo mito, como já alertamos aqui, é feita pelos agentes do poder.

A afirmação parece excessivamente maquiavélica? Nem tanto. O ponto fundamental é que nenhuma estrutura de poder, da mais centralizada à mais democrática, das mais arcaicas às mais modernas, pode se sustentar se não for capaz de produzir algum tipo de engajamento subjetivo daqueles que ela submete, organiza, explora ou protege. A passagem do poder soberano ao poder disciplinar representa um aperfeiçoamento nesses recursos, mas não significa que os poderes soberanos se sustentassem exclusivamente pelo uso da força. Mesmo os monarcas absolutistas contavam, no mínimo, com o referendo divino e a chancela da Igreja, produtora milenar de mitos no Ocidente, para produzir entre os súditos o que La Boétie chamou de *servidão voluntária*.

A diferença está no tamanho do deslocamento que a significação percorre, desde o lugar de onde foi gestada e roubada até aquele em que se instaura como mito. Em sociedades menos estratificadas, como a Grécia pastoral ou algumas tribos ditas primitivas, o contador de histórias, o poeta, o xamã podem estar muito próximos e partilhar das mesmas necessidades expressivas do conjunto dos outros agentes sociais. Os mitos, por sua vez, seriam muito mais estáveis, transmitidos de geração a geração com pequenas alterações, nessas sociedades que Georg Lukács chamou de "fechadas", nas quais sua função confortadora era contar a história das origens, de modo a dotar de sentido a ordem presente.

Nas sociedades de corte emergente na Europa dos séculos XIII e XIV, os reis chamavam a seu serviço alguns letrados que desempenhavam papel de cronistas: sabiam que não só sua imortalidade como seu prestígio em vida dependiam, mais do que das terras conquistadas e da força de seus exércitos, das lendas que se criariam em torno de seus nomes.

A genialidade do Barthes foi ter percebido a particularidade da relação entre o mito, as necessidades expressivas e o poder, no contexto das sociedades industriais modernas. Voltando à sua proposição: o mito é uma fala "roubada" das falas emergentes – geradas pelas relações horizontais entre os humanos – pelos agentes do poder, que não necessariamente sabem o que estão fazendo. Essa fala é restituída a um *outro lugar*: o lugar dos códigos estabelecidos e "naturalizados", que contribuem para estabilizar o laço social dotando de consistência imaginária aquela parcela de renúncia exigida de cada sujeito que participa de uma sociedade.

A particularidade da mitologia contemporânea é o seu caráter industrial e inteiramente impessoal. Na modernidade, o engajamento subjetivo que sustenta o poder é cada vez mais consistente e inconsciente. O sujeito, agora, entendido como o sujeito que põe em marcha o processo de reprodução do capital e que põe em marcha, também, as institucionalizações necessárias à reprodução do capital, é o próprio capital, agindo como o que se pode chamar de *sujeito automático*. O capital é o sujeito que sujeita a todos os outros. Só que este sujeito age a partir de um lugar que é, ao mesmo tempo, todos os lugares e lugar nenhum. Quanto aos indivíduos, se tomados como sujeitos, pode-se dizer deles que, neles, a fala do Outro e o desejo do Outro, isto é, a fala e o desejo que os formatam, são, cada vez mais, a fala e o desejo do capital agindo como forças inconscientes. *Os indivíduos são sujeitos inconscientes do capital.* Num período em que o Estado nacional se enfraquece sob o impacto do mercado globalizado, é o capital quem dirige o processo, acima das nações – que hoje debatem como se integrar, e não mais como liderar. A força militar e econômica da potência única de nossos dias, os Estados Unidos, expressa não a supremacia de uma nacionalidade sobre as demais, mas os desígnios de uma indústria sobre todas as outras e sobre todos os povos: o espetáculo. A tirania da mercadoria se exponencia na tirania da imagem da mercadoria. O capitalismo contemporâneo é um modo de produção de imagens. Aí, o poder político é uma espécie de despachante do modo de produção. Mais do que antes, mas muito mais do que antes. Se, no século XIX, a questão era desmascarar o caráter burguês do Estado que se apresentava como universal, agora, no século XXI, a questão é compreender e decifrar os mecanismos pelos quais toda política, assim como toda religião e toda ciência, toda cultura e toda forma de representação, convergem para a imagem, como partes do modo de produção de imagens, e só circulam e só adquirem existência como imagem. Essa indústria é a produtora das videologias. A tudo o mais ela subordina.

Os textos que apresentamos a seguir tentam dar conta de uma pequena parte da tarefa de tornar consciente o que opera, na sociedade, a partir das forças inconscientes do capital. Esta é uma tarefa crítica e, sobretudo, política.

1

ÀS VOLTAS COM O MÉTODO

A CRÍTICA DE TELEVISÃO

Eugênio Bucci

Há alguns anos, uma equipe de pesquisadores da Emporium Brasilis – Memória e Produção Cultural, coordenada por Wladimir Saccheta, vem trabalhando num levantamento da história das revistas no Brasil. Numa de suas incursões a publicações do início do século, os pesquisadores encontraram, na revista *Kosmos*, uma crônica do poeta Olavo Bilac que parece uma breve e despretensiosa profecia. Vamos ao que diz Olavo Bilac:

> Justamente agora, nos últimos dias de 1903, dois físicos franceses, Gaumon e Decaux, acabam de achar uma engenhosa combinação do fonógrafo e do cinematógrafo – o cronófono –, que talvez ainda venha a revolucionar a indústria da imprensa diária e periódica. Diante do aparelho, uma pessoa pronuncia um discurso: o cronófono recebe e guarda esse discurso e, daí a pouco, não somente repete todas as suas frases, como reproduz, sobre uma tela branca, a figura do orador, a sua fisionomia, os seus gestos, a expressão da sua face, a mobilidade dos seus olhos e dos seus lábios. Talvez o jornal do futuro seja uma aplicação dessa descoberta... A atividade humana aumenta, numa progressão pasmosa. Já os homens de hoje são forçados a pensar e executar, em um minuto, o que seus avós pensavam e executavam em uma hora. A vida moderna é feita de relâmpagos no cérebro, e de rufos de febre no sangue. O livro está morrendo, justamente porque pouca gente pode consagrar um dia todo, ou ainda uma hora toda, à leitura de cem páginas impressas sobre o mesmo

> assunto. Talvez o jornal do futuro – para atender à pressa, à ansiedade, à exigência furiosa de informações completas, instantâneas e multiplicadas – seja um jornal falado, e ilustrado com projeções animatográficas, dando, a um só tempo, a impressão auditiva e visual dos acontecimentos, dos desastres, das catástrofes, das festas, de todas as cenas alegres ou tristes, sérias ou fúteis, desta interminável e complicada comédia, que vivemos a representar no imenso tablado do planeta.[1]

Sem usar o nome televisão, o poeta está descrevendo um mundo integrado por ela, o que soa como profecia. Mas não é. O nascimento da televisão, não nos esqueçamos, menos que surpreender o público como um rádio que vinha com imagens em movimento, veio dar conseqüência a um modo de olhar que já estava pronto ou, no mínimo, bem esboçado pela sociedade em que Bilac viveu. O surgimento da fotografia também pode ser entendido assim: ele transformou num procedimento mecânico o método artístico que já havia sido inteiramente definido pelo olhar dos pintores renascentistas, como ensina Arlindo Machado em *A ilusão especular*. A câmera de fotografia não inventou nenhum ponto de vista inédito; apenas automatizou, por meio de lentes, a adoção da perspectiva segundo uma fórmula que já era adotada na pintura desde o século XV pela aplicação das leis da geometria euclidiana. Desde então, os pintores já se valiam de diagramas e de aparelhos que os ajudavam a construir a *perspectiva artificialis* com precisão científica. A fotografia aparece, portanto, depois de inventado o ponto de vista que ela deveria retratar[2].

Voltemos à televisão. É bom lembrar que seu lugar já se fazia visível antes mesmo que ela viesse a ocupá-lo, e esse breve texto de Olavo Bilac é um sintoma disso. Antes de os televiso-

---

[1] Revista *Kosmos*, n. 1, jan. 1904.

[2] Arlindo Machado, *A ilusão especular* (São Paulo, Brasiliense, 1984), p. 63-5.

res se instalarem nos lares, antes de serem objetos concretos, já podiam ser descritos; o cronista já reclamava a sua existência e já demandava um papel para eles. Esse lugar da televisão que é dado por uma demanda, antes de ser conquistado pela tecnologia, pode servir de um postulado para a crítica. Trata-se de não esquecer que a TV não inaugura processos. Assim como a própria tela da TV, antes mesmo de ser construída, já possuía seu lugar imaginário, é preciso levar em conta, nem que seja por uma certa cautela metodológica, que aquilo que o telespectador vê na tela emerge não apenas da tela em si, mas também de algo que ele, telespectador, já estava demandando antes. Muita mistificação vem sendo cometida pela inobservância ingênua dessa cautela – ou desse dado.

Curiosamente, ou ironicamente, uma das mistificações mais reiteradas é exatamente aquela que já aparece no nosso cronista. Ela consiste em pensar o jornalismo audiovisual como um instrumento prático, uma ferramenta moderna para economizar tempo e aplacar as distâncias, uma ferramenta que tem a forma de uma janela para o mundo, transparente e neutra. Destaco das palavras de Bilac uma idéia que percorreu todo o século XX na forma de um senso comum: "para atender à pressa e à exigência furiosa de informações completas e instantâneas" o jornal é "falado e ilustrado com projeções animatográficas". É o telejornal, melhor dizendo. Segundo esse senso comum, de Bilac até nossos dias, a virtude da TV é proporcionar novos campos de visão, abrindo horizontes ao vivo, janelas – retomo o termo de Bilac – "instantâneas" para o que ele chamou de "imenso tablado do planeta". Ainda hoje, a televisão muitas vezes é pensada assim. O que me impressiona nessa antiga crônica é menos o que ela tem de premonitório e mais o que ela ainda tem de atual. É como se a tecnologia a tivesse confirmado para transformá-la em idéias congeladas.

***

Ainda hoje a televisão é debatida segundo uma concepção que a reduz a uma transportadora de conteúdos, uma passagem entre um emissor e um receptor. Mais ou menos como um envelope, um carteiro ou um fio de telefone. O maior problema dessa concepção é que ela ajuda a esconder ou a camuflar a função fundante dos chamados meios de comunicação, sobretudo dos meios eletrônicos: a de constituir e conformar o espaço público. Esse efeito de camuflagem já é bastante reforçado pelo próprio discurso jornalístico – aquele mesmo que Bilac enaltece para vislumbrar o que seria o "jornal do futuro". Como nos tempos de Bilac, o jornalismo ainda se apresenta, predominantemente, como um discurso positivista. Para mim, que sou um jornalista profissional, a constatação não deixa de ser embaraçosa. Mas é inevitável notar que, talvez, o discurso jornalístico seja hoje um dos poucos redutos do positivismo, num tempo em que até mesmo o discurso das ciências exatas já aceita mergulhar na inexatidão do caos ou na incerteza das probabilidades quânticas. O jornalismo resiste como um campo discursivo que ainda carrega a pretensão de, no interior do relato que propõe, conter, sistematizar e representar de modo inteiramente neutro a objetividade dos fatos. Como se essa objetividade neutra fosse possível. O discurso jornalístico, agora como antes, muitas vezes se vê erguido sobre uma ilusão: descrever a realidade sem nela interferir. Foi assim que encontrou na tela da TV o novo palco para fincar sua autoridade.

Isso se dá, ou melhor, isso só pode se dar pelo ocultamento. Diante da tela, o que o telespectador enxerga não é a própria tela, nem o discurso que encadeia as imagens e palavras numa narrativa ininterrupta, mas a paisagem que se lhe apresenta do outro lado da janela eletrônica. O "meio", a "ferramenta de comunicar", simula sua própria transparência simulando sua desintegração no espaço. Como o próprio discurso que se pretende neutro, isento e distanciado, a tela aparentemente não tem parte com a realidade que retrata nem com aquele que para ela volta os olhos. A tela, como o discurso jornalístico, retira dessa isenção a sua legitimidade e a sua força. Por isso, ambos ocultam sua própria condição.

Uma abordagem crítica da TV que não problematize o paradigma da televisão como um simples "meio", ou que aceite a televisão como veículo transportador de mensagens entre emissor e receptor, acaba caindo na armadilha desse mesmo ocultamento. Eu poderia chamá-lo de um ocultamento ideológico, o que ele efetivamente é. Mas hesito. A discussão sobre ideologia caiu um pouco em desuso, e isso me traria o risco de fazer parecer *démodé* um tema não apenas atual, mas urgente. Então, penso que posso nomeá-lo, a esse ocultamento, de um procedimento típico das representações imaginárias – e assim eu estaria invocando alguns termos um pouco menos fora de moda. O fenômeno de que falo, entretanto, de um modo ou de outro, continuaria o mesmo. E, quanto à ideologia, falaremos sobre ela um pouco adiante.

Por ora, afirmo o seguinte: A televisão não mostra lugares, não traz lugares de longe para muito perto – *a televisão é um lugar em si*. Do mesmo modo, ela não supera os abismos de tempo entre os continentes com suas transmissões na velocidade da luz: *ela encerra um outro tempo*.

***

O lugar da TV, ou melhor, a TV como lugar, nada mais é que o novo espaço público, ou uma esfera pública expandida. O exemplo brasileiro é um dos mais indicados do mundo para quem quer observar os detalhes de como se dá a expansão da esfera pública e, mais ainda, como se dá a sua constituição em novas bases. Às vezes tenho a sensação de que, se tirássemos a TV de dentro do Brasil, o Brasil desapareceria. A televisão se tornou, a partir da década de 1960, o suporte do discurso, ou dos discursos que identificam o Brasil para o Brasil. Pode-se mesmo dizer que a TV ajuda a dar o formato da nossa democracia.

Sem a televisão, a integração nacional pretendida pelo regime militar jamais teria se cumprido. Mas devo abreviar a referência a esse aspecto da nacionalidade que, de tão descrito, tem se tornado entediante[3]. A crítica, entretanto, não pode se permitir ignorá-lo. Ao mesmo tempo, o desafio atual da crítica é ir além, é entender que essa função de constituir e conformar o espaço público não apenas não é uma exclusividade brasileira – ela já se insinua num âmbito que ultrapassa os Estados nacionais, esboçando o que parece ser um arremedo de espaço público globalizado (ou mundializado), embora, registre-se, ainda não exista um poder instituído, organizado, para que se fale numa esfera pública global. Trata-se, portanto, de uma tendência. Poderíamos descrever essa tendência como um processo em dois atos: no primeiro, o poder nacional institui a ampliação da esfera pública valendo-se para isso do que Habermas chama de meios de comunicação de massa; e, no segundo, essa expansão ultrapassa a esfera dos poderes nacionais e vai compondo o ambiente essencial para que se reflita no imaginário o movimento de mundialização da economia, esse movimento batizado de globalização. Aí, nesse segundo ato, é provável que o âmbito constituído pelos meios seja anterior à existência de uma esfera pública instituída. Eu não vou aqui me aprofundar nessa hipótese de espaço público para além dos Estados nacionais, mas deixo com vocês ao menos o registro.

Aquele lugar em si que a TV nos põe (a pretexto de nos pôr em contato com lugares remotos) é um lugar de emergência

---

3 Ver, a propósito de mais dados, ou de mais tédio, o ensaio "Ainda sob o signo da Globo", que consta desta coletânea. Verificar em especial a discussão sobre o conceito de espaço público e também sobre o modo pelo qual o espaço público brasileiro é moldado pela televisão.

global. Antes, o cidadão do país via a tela e ali se reconhecia – constituía-se sujeito dentro de um espaço que era mediado pela tela – e hoje ele se reconhece integrante e integrado num novo âmbito imaginário que suplanta aquele primeiro espaço público nacional. Esse lugar não se resume ao que está na tela, mas se completa quando sua luminescência banha os olhos do telespectador. Ele, portanto, inclui os olhos do espectador. Ou: os olhos do telespectador, nele, são pressupostos. Alguém já disse que "nós somos seres olhados no espetáculo do mundo". Eis aí como se consuma o lugar em si da TV, um lugar do olhar: que nos olha, que nos interpela, que nos designa e nos localiza antes de que para ele nós olhemos.

Ponto de fuga para todos os olhos, aura luminescente que nos olha sem cessar, o lugar da TV é ubíquo. Mais: é totalizante, ainda que se apresente multifacetado, fragmentário e até variado. Não admite nada que fora dele se manifeste. O que não é difícil de explicar. Ao brocardo jurídico dos antigos romanos, *quod non est in acti non est in mundo* ("o que não está nos autos não está no mundo"), que obriga o juiz a ater-se aos fatos descritos no processo para fundamentar sua sentença – e que, também, assegura o registro no simbólico como pré-requisito para que se dê por existente um dado qualquer do real, ou seja, o real só é admitido enquanto argumento a partir de sua absorção pelo simbólico –, segue-se uma outra lei, a lei da nossa era, a era do audiovisual: o que não aparece na TV não acontece de fato.

Esse lugar que a TV fabrica na atualidade alimenta-se de uma convergência de outros meios e junto com eles compõe um gigantesco novelo em torno do planeta. O que conduz as linguagens desse novelo é o olhar, o que me permite propor a tela de TV como forma hegemônica desse novelo, hoje constituído por um sistema complexo que envolve teias eletrônicas feitas de satélites, ondas eletromagnéticas, feixes de *laser* e redes de computadores. Fora disso não há vida. O que não é visível não existe. O que não tem visibilidade não adquire cidadania. Esse complexo vem compor o que Regis Debray recentemente chamou de videosfera. Agora, o critério da verdade é a imagem que se apossa da nova videosfera: "Uma foto será mais 'crível' do que uma figura, e uma fita de vídeo do que um bom discurso[4]." A síntese de Debray é categórica: "A equação da era visual: Visível = Real = Verdadeiro. Ontologia fantasmática da ordem do desejo inconsciente[5]."

Nesse novo lugar, tudo é pastoso, as fronteiras se liqüefazem. A própria noção de lugar carece de novas relativizações. É como se o mundo todo se convertesse no que Marc Augé já definiu como um "não-lugar", pois nesse videolugar a noção de história se perde, ou se oculta. Vejamos o que diz Marc Augé: "Se um lugar pode se definir como identitário, relacional e histórico, um espaço que não pode se definir nem como identitário, nem como relacional, nem como histórico definirá um não-lugar[6]." O não-lugar de Augé, como os aeroportos internacionais, espaços impessoais em que os sujeitos trafegam sem raízes nem chance de fixação, é hoje um conceito interessante para pensarmos o lugar em si que a TV proporciona à platéia planetária. Esse não-lugar nada tem a ver com a idéia de utopia, o "lugar que não há", mas ao qual se quer chegar; trata-se de um "espaço" que, ao contrário, exala sua própria existência, mas que recusa o enraizamento do sujeito.

Assim é o lugar da TV: um lugar ubíquo, que a tudo abrange. Ao mesmo tempo, é um lugar que não está em lugar algum. No lugar em si da TV, um filme de publicidade se igua-

---

4 Regis Debray, *Vida e morte da imagem: uma história do olhar no Ocidente* (Petrópolis, Vozes, 1993), p. 354.

5 Ibidem, p. 358.

6 Marc Augé, *Não-lugares: introdução a uma antropologia da supermodernidade* (Campinas, Papirus, 1994), p. 73.

la, como verdade, a uma cena de guerra: o que permite à propaganda política interferir na guerra e o que reduz a guerra a um instrumento visual a serviço do proselitismo político.

***

Agora, o tempo da TV. É uma nova dimensão de tempo. Se esse espaço não é mais o lugar histórico, nem identitário, nem relacional, o tempo também deixa de ser um tempo cronológico. Observem que, vendo TV, temos a sensação de que tudo ali é um gerúndio interminável e, outra vez, totalizante, ainda que dissimulando essa sua condição. Os eventos se sucedem não propriamente numa sucessão, mas num acontecendo, num se sucedendo, na permanência de um, repito, gerúndio que não tem começo nem fim. Esses fluxos em gerúndio prometem o torpor ou o gozo e, em seu jorro ininterrupto, proporcionam efetivamente um gozo estranho e, ao mesmo tempo, familiar. O tempo da TV é um tempo sem passado, sem futuro. O passado, quando emerge, emerge como presente. O futuro, quando vem à tela a pretexto de uma previsão qualquer, põe-se como um ato que está acontecendo naquele instante exato.

Aos olhos de um telespectador aleatório, que despreocupadamente muda os canais, as dezenas de canais, que salta de um para o outro, ou mesmo daquele telespectador que se submete às seqüências anárquicas entre comerciais, programas de entretenimento, que se expõe passivo às programações entrecortadas que misturam notícias e emoções folhetinescas e ofertas eróticas, o fluxo dos significantes na televisão apresenta inúmeras semelhanças com o fluxo sem fim dos significantes que deslizam soltos pelo inconsciente. Nessa perspectiva, eu afirmo que o tempo da TV é o tempo do inconsciente. Se a alguns essa proposta soa abusada demais, ou infundada demais, eu busco socorro outra vez no tema da ideologia segundo uma acepção bastante precisa.

Refiro-me ao conceito de "ideologia em geral", proposto por Althusser. Deixemos de lado as definições de "ideologia dominante" ou "da classe dominante", idéias que aparecem fartamente no breve texto de Althusser, *Aparelhos ideológicos de Estado*. São definições imprecisas, e hoje não dão conta dos fenômenos que se apresentam. Nelas, a noção de ideologia se confunde com a noção de ideário. São formulações ultrapassadas. Como, de resto, é ultrapassada boa parte do que escreveu Althusser sobre a ideologia. Com esquemas mecânicos, ele nos convida a ver a sociedade como um edifício com um restaurante giratório na cobertura (que seria a superestrutura). Deu nome de "aparelhos ideológicos de Estado" a instituições como a Escola ou a Igreja – coisas que, num olhar mais exigente, não podem ser vistas exclusivamente nem como "aparelhos" nem como "de Estado".

Mas, nesse pequeno livro, Althusser nos deixa algumas passagens que devem ser revalorizadas. A noção de ideologia como algo que vai muito além daquilo que é um conjunto de valores ou de programas políticos meramente intencionais já está lá, em Althusser. Diz ele: "A ideologia é uma 'representação' da relação imaginária dos indivíduos com suas condições reais de existência[7]." É bem verdade que, ainda aí, perde-se de vista que a ideologia não se dá no plano individual, mas social (como a língua e como o discurso). Ainda não fica devidamente claro que a ideologia é sobretudo uma relação imaginária entre sujeitos. O autor corrigirá essa imprecisão mais adiante: "A estrutura especular duplicada da ideologia garante ao mesmo tempo o reconhecimento mútuo entre os sujeitos e o Sujeito, e entre os próprios sujeitos, e finalmente o reconhecimento de cada sujeito por si mesmo[8]." Mas a contribuição mais fecunda de

---

[7] Louis Althusser, *Aparelhos ideológicos de Estado: nota sobre os aparelhos ideológicos de Estado (AIE)* (Rio de Janeiro, Edições Graal, 1985, 2ª edição), p. 85.

[8] Ibidem, p. 103.

Althusser para o que aqui lhes apresento é mesmo a definição de "ideologia em geral":

> Eu posso apresentar o projeto de uma teoria da ideologia em geral e se esta teoria é um dos elementos do qual dependem as teorias das ideologias, isto implica numa proposição aparentemente paradoxal que enunciarei nos seguintes termos: a ideologia não tem história.
>
> (...)
>
> Por um lado, acredito poder sustentar que as ideologias têm uma história sua (embora seja ela, em última instância, determinada pela luta de classes); e por outro lado acredito poder sustentar ao mesmo tempo que a ideologia em geral não tem história, não em um sentido negativo (o de que sua história está fora dela), mas num sentido totalmente positivo.
>
> Eu diria, fornecendo uma referência teórica retomando o exemplo do sonho, desta vez na concepção freudiana, que nossa proposição: a ideologia não tem história pode e deve (e de uma forma que nada tem de arbitrária, mas que é pelo contrário teoricamente necessária, pois há um vínculo orgânico entre as duas proposições) ser diretamente relacionada à proposição de Freud de que o inconsciente é eterno, isto é, não tem história.[9]

Basta examinarmos o andamento dos clipes e dos comerciais na TV, as cenas românticas das telenovelas e dos filmes, basta que observemos a avalancha de imagens que soterram os sujeitos a um tempo dispersos e compactados num só espaço que teremos a melhor tradução do que intuiu Althusser. Como nos sonhos, como na ideologia em geral, como no inconsciente, o passado e o futuro deságuam um no outro; não há começos encadeados a meios e fins; as narrativas lógicas se dissolvem numa pasta que, não obstante, tem um sentido profundo: o sentido de integrar pelo olhar. O sentido não apenas ideológi-

---

[9] Ibidem, p. 82-4.

co, mas videológico. É a (v)ideologia que "interpela os indivíduos enquanto sujeitos"[10].

Não faz diferença se interpela a partir de uma tela de cristal líquido, com imagens de DVD, ou se a partir de uma vitrina mal iluminada de uma cidade do interior. A própria paisagem se desfigura ao impacto da videologia que a aplaca e organiza. Assim como na ideologia em geral não há passado nem futuro, não há história (é sintomática a insistência em torno de teses como "o fim da história", "o fim da ciência" e, não por acaso, "o fim das ideologias"), no espaço da "videosfera" não há limites de saída, chegada, partida, destino.

É como se o planeta houvesse se convertido nas galerias da Paris vista por Walter Benjamin, aquelas em cuja decoração "a arte se põe a serviço do comerciante"[11]. Não há mais distinção entre o comércio e a arte, assim como não há separação entre negócio e ideologia. Ou como Adorno e Horkheimer resumiram, falando dos "capitães da indústria cinematográfica": "Sua ideologia é o negócio[12]." A imagem que trafega pelos meios eletrônicos e que se acende aqui e ali é a ideologia se fazendo visível. Como sempre, isso se dá pelo ocultamento, pela encenação da ausência total de ideologia. Como Habermas enxergou: "A cultura integracionista preparada e difundida pelos meios de comunicação de massa, embora pretenda ser apolítica, representa ela mesma uma ideologia política"[13]. O lugar em si da TV, com seu tempo em gerúndio, é a videosfera de Debray.

---

10 Ibidem, p. 93.

11 Walter Benjamin, "Paris, capital do século XXI", em Flávio R. Kothe, *Walter Benjamin* (Coleção "Grandes Cientistas Sociais", São Paulo, Ática, 1985).

12 Theodor W. Adorno e Max Horkheimer, "A indústria cultural: o esclarecimento como mistificação das massas", em Adorno e Horkheimer, *Dialética do esclarecimento* (Rio de Janeiro, Jorge Zahar, 1985), p. 128.

13 Habermas, *Mudança estrutural na esfera pública* (Rio de Janeiro, Tempo Brasileiro, 1984), p. 251.

E é nele, nesse lugar, que o sujeito se constitui, pois esse lugar da TV é a própria ideologia encarnada em efeitos eletrônicos (ou o próprio capital refeito em espetáculo).

Mais recentemente, um outro autor, Pêcheux, partiu da expressão "a ideologia em geral não tem história" para, em seguida, retomar a ponte indispensável (já posta ali por Althusser) entre os dois campos, o da ideologia e o do inconsciente. Pêcheux afirma que essa ponte "ainda está por se fazer", mas já dá a síntese necessária:

> Permitam-me apenas ressaltar que o traço comum a essas duas estruturas, respectivamente chamadas de ideologia e inconsciente, é o fato de elas operarem ocultando sua própria existência, produzindo uma rede de verdades "subjetivas" evidentes, com o "subjetivas" significando aqui não que "afetam o sujeito", mas "em que o sujeito se constitui".[14]

***

Eu chamo a atenção para os movimentos do capital nos subterrâneos estruturais da tão festejada "convergência de meios". A transparência encenada pela televisão sobre si mesma pode ser entendida como um movimento da idelogia por si mesma ou, em outros termos, como um movimento do capital refeito em ideologia. Atenção: o que hoje se apresenta ao mundo como uma oferta sem precedentes de opções entre centenas de canais, o que se apresenta como um festival de multiculturalismos étnicos, tem em seus bastidores, isto sim, um dos maiores movimentos de concentração de capital – e de poder – de todos os tempos.

Em julho de 1995, a Disney arrematou a maior rede de TV americana, a ABC, por 19 bilhões de dólares. Os três círculos pintados de preto, a perfeita silhueta do rato da Disney, en-

---

[14] M. Pêcheux, "O mecanismo do (des)conhecimento ideológico", em S. Žižek (org.), *Um mapa da ideologia* (Rio de Janeiro, Contraponto, 1996), p. 148.

golem o símbolo da rede ao emoldurarem as três letras que lhe dão o nome: ABC. A mensagem engoliu o meio. E Mickey, que é o entretenimento, engole a notícia, o jornalismo.

As fusões dão o tom da nova organização do espaço público. No mundo todo, a formação dos grandes conglomerados se alastra, impondo uma nova lógica. As fronteiras nacionais deixam de ser vistas como proteção e se tornam vilãs, barreiras para o capital que precisa se concentrar mais e mais. Os cenários apontam crescimentos ainda maiores. Os setores de mídia, telecomunicações e computadores vão se fundindo em escala geométrica. Os gastos anuais em todo o mundo com os serviços de telecomunicações, só neles, "que já somam 726 bilhões de dólares, devem crescer para nada menos de 1 trilhão por volta do ano 2001[15]."

Recentemente, a revista inglesa *The Economist* já falava em oligopolização da indústria do entretenimento – os negócios reunidos de cinema, vídeo, música (gravadoras), *publishing* e televisão[16]. Esse setor deve movimentar, só nos Estados Unidos, algo como 420 bilhões de dólares no ano 2000. Hoje, sete gigantes comandam o negócio no mundo todo: Time Warner, Walt Disney, Bertelsman, Viacom, News Corp, Seagram (que comprou a Universal Studios em 1995 e a PolyGram em 1998) e Sony. Essas sete, segundo *The Economist*, podem vir a compor um oligopólio global da indústria do entretenimento.

A esses novos movimentos do capital corresponde uma sucessão de reacomodações globais no espetáculo, uma globalização do(s) espaço(s) público(s) e uma nova expansão da esfera pública, cada vez mais embebida dos fluidos do mercado. Esse

---

[15] Andrew Kupfer, "Revolução nas telecomunicações – a metamorfose", *Jornal do Brasil*, 28 out. 1997.

[16] Ver "The Economist, a survey of technology and entertainment". *The Economist*, p. 4, 21 nov. 1998.

processo, a um tempo nacional e internacional, foi bem diagnosticado por César Bolaño, num artigo recente:

> A televisão adquire cada vez mais um papel preponderante na organização do consenso e na expansão da sociedade de consumo. A tendência atual nessa área é a do aumento da segmentação do público e a da construção de uma nova esfera pública privatizada.[17]

***

Vamos registrar o seguinte dado: a esfera pública da sociedade de consumo, a sociedade em que vivemos, tem a sua esfera pública privatizada, na qual atributos da cidadania se convertem em bens de consumo e na qual a lógica do espetáculo absorve e comanda a organização e a disposição dos conteúdos. Tiramos daí um outro pilar da natureza da televisão contemporânea: os programas de ficção cada vez mais buscam sustentar-se em argumentos de realidade (tanto que, no Brasil, a telenovela é tanto mais presente quanto mais consegue propor uma síntese do imaginário nacional); quanto aos programas de telejornalismo, estes precisam se adequar a uma narrativa mais ou menos melodramática (o andamento dos telejornais busca capturar o telespectador pelo desejo e pela emoção). Ou seja, ficção e realidade se invertem na (estética da) nova ordem.

A crítica de televisão não pode se acomodar à crítica de obras isoladas no interior da programação, por mais que admitamos a existência de gêneros no interior da TV (a título de exemplo, a telenovela pode ser entendida como um dos gêneros possíveis). Acima dos gêneros, a crítica de televisão é a crítica de um novo patamar das relações sociais e das relações ideo-

---

[17] César Bolaño, "A reforma das telecomunicações no governo FHC", *Universidade e Sociedade*, órgão da ANDES (Associação Nacional dos Docentes do Ensino Superior), ano VIII, n. 15, p. 29, fev. 1998.

lógicas entre os sujeitos, e só a partir daí ela ganha seu sentido político – o que mais me interessa.

Nesse quadro, o campo da comunicação, equipada com o aparato da tecnologia (tecno-videologia), se apossa do núcleo da esfera global. O campo da comunicação, como o define Maria Aparecida Baccega, pode ser visto como o campo em que opera a crítica de televisão, um ramo da crítica cultural.

> A comunicação exerce hoje o papel central para onde convergem os conflitos que, ali trabalhados, "espetacularizados", ressignificados, etc., acabam por fazer dos meios de comunicação uma importante instituição que "leva a pensar", que "educa".[18]

A comunicação engloba as esferas institucionais anteriores, e disso ainda mal nos demos conta. Jesús Martín-Barbero, porém, já anotou:

> O que está mudando não se situa no âmbito da política, mas no da cultura, e não entendida aristocraticamente, mas como "os códigos de conduta de um grupo ou um povo". É todo o processo de socialização que está se transformando pela raiz ao trocar o lugar de onde se mudam os estilos de vida. (...) Nem a família, nem a escola – os velhos redutos da ideologia – são já o espaço chave da socialização...
>
> (...) O que implica que a verdadeira crítica social tem mudado também de "lugar": já não é a crítica política, mas a crítica cultural.[19]

A crítica de televisão não lida (apenas) com a estética. Ela não tem por objeto uma arte, mas um fato social como a própria língua (ou como a linguagem). Portanto, deve declarar que, discutindo a cultura, está discutindo a sociedade e seus sujeitos. A crítica de televisão, hoje, é uma crítica do poder.

---

[18] Maria Aparecida Baccega, *Comunicação e linguagem: discursos e ciência* (São Paulo, Moderna, 1998), p. 116.

[19] Jesús Martín-Barbero, *Dos meios às mediações: comunicação, cultura e hegemonia* (Rio de Janeiro, UFRJ, 1997), p. 58.

O ESPETÁCULO COMO MEIO DE SUBJETIVAÇÃO

Maria Rita Kehl

Passados quase sessenta anos de sua primeira publicação, devemos discutir a atualidade do texto "A indústria cultural: o esclarecimento como mistificação das massas" de Theodor Adorno[1]. Para isso, proponho um diálogo entre esse texto e o livro *A sociedade do espetáculo* de Guy Debord[2], escrito vinte anos mais tarde. O pano de fundo desse diálogo, hoje, é marcado pela expansão da televisão que ocorreu nas décadas que nos separam das idéias daqueles dois autores. A televisão é a mais espetacular tradução da indústria cultural.

Tanto Adorno quanto Debord interessam-se pelos efeitos da expansão industrial dos objetos da cultura, produzidos em série para grandes massas urbanas, sobre a subjetividade contemporânea. Esses efeitos são indissociáveis da produção e transmissão do que chamamos de ideologia, de modo que afetam não apenas os indivíduos isolados: dizem respeito ao laço social.

Não estou certa de que a passagem do conceito de indústria cultural para o de sociedade do espetáculo represente uma

---

1 Em Adorno/Horkheimer, *Dialética do esclarecimento* (1947), (Rio de Janeiro, Jorge Zahar, 1994. Tradução Guido Antonio de Almeida), p. 113-56.

2 Guy Debord, *A sociedade do espetáculo* (1967), seguido de *Comentários sobre a sociedade do espetáculo* (1988) (Rio de Janeiro, Contraponto, 1997; trad. de Estela dos Santos Abreu).

mudança de paradigma; talvez seja uma conseqüência da própria expansão daquela indústria, tal como Adorno a analisou em 1947, com o auxílio da mais poderosa de todas as mídias: a televisão. Da indústria cultural à sociedade do espetáculo, o que houve foi um extraordinário aperfeiçoamento técnico dos meios de se traduzir a vida em imagem, até que fosse possível abarcar toda a extensão da vida social. De certa forma, os principais elementos que nos permitem compreender a sociedade do espetáculo de Debord estão presentes no texto de Adorno. Mas a expansão, ainda que quantitativa, do alcance horizontal e vertical dos dispositivos eletrônicos de produção de *imagens* e de informações acabou por criar um novo objeto a desafiar o pensamento crítico. Em Debord, já não vemos os contornos nem captamos os limites da indústria que fabrica os objetos/imagens que organizam a vida contemporânea. Mas a produção industrial de imagens, o trabalho alienado e o fetiche da mercadoria são centrais tanto em seu texto quanto no de Adorno. Debord refere-se, por exemplo, a uma "segunda revolução industrial", na qual a economia completa seu trabalho de transformação do mundo,

> ... mas o transforma apenas em mundo da economia.
> O espetáculo é o momento em que a mercadoria ocupou toda a vida social. Não se consegue ver nada além da mercadoria – o mundo que se vê é o seu mundo.[3]

Assim, a alienação do trabalhador completa-se na sua transformação em consumidor. Ainda quando não consome as (outras) mercadorias propagandeadas pelos meios de comunicação, consome as imagens que a indústria produz para seu lazer. Consome, aqui, não quer dizer apenas que o trabalhador contempla essas imagens, mas que se identifica com elas, espelho espetacular de sua vida empobrecida.

[3] Ibidem, p. 30.

> Nesse ponto da "segunda revolução industrial", o consumo alienado torna-se para as massas um dever suplementar à produção alienada.[4]

A "indústria cultural" de Theodor Adorno perdeu seus contornos; a mercadoria abarcou todo o campo das imagens e com isso tornou-se capaz de "ocupar toda a vida social". Até mesmo a diferença de estilo entre Adorno – prolixo, cerrado, argumentativo – e Debord – aforismático, fragmentário – parece corresponder à transformação do objeto, que se expandiu (entre 44 e 67) até tornar-se inefável, até confundir-se com a realidade social a tal ponto que só é possível abordá-lo fragmentariamente.

O texto de Adorno, escrito quando a televisão ainda era uma mídia recém-nascida, com parcos recursos técnicos, previu o que poderia se desenvolver a partir dessa nova tecnologia:

> A televisão visa uma síntese do rádio e do cinema, que é retardada enquanto os interessados não se põem de acordo, mas cujas possibilidades ilimitadas prometem aumentar o empobrecimento dos materiais estéticos a tal ponto que a identidade mal disfarçada dos produtores da indústria cultural pode vir a triunfar abertamente já amanhã – numa realização escarninha do sonho wagneriano da obra de arte total. A harmonização da palavra, da imagem e da música logra um êxito mais perfeito do que no *Tristão*, porque os elementos sensíveis que registram sem protestos, todos eles, a superfície da realidade social, são em princípio produzidos pelo mesmo processo técnico e exprimem sua unidade como seu verdadeiro conteúdo. (...) Ele é o triunfo do capital investido.[5]

Mas o cinema já havia realizado este sonho wagneriano da obra de arte total, conforme o próprio Adorno percebeu. O que

---

[4] Ibidem, p. 31.

[5] Adorno, "A indústria cultural", cit., p. 116-7.

diferencia o cinema da televisão, "síntese do cinema e do rádio", é que a potência dessa obra "total" mediada pela televisão passa a ser transmitida por um veículo que é doméstico, cotidiano, onipresente (pode estar no ar, atualmente, 24 hs/dia), e faz a ponte entre a individualidade privatizada e o espaço público que ela (TV) ocupa ou, melhor, substitui. A televisão tornou-se, desde o pós-guerra até hoje, um emissor de imagens tão onipresente e uniforme a ponto de ocupar o lugar imaginário do Outro nas sociedades onde ela impera. As mensagens televisivas, em especial a publicidade, em sua *unidade técnica* oferecem imagens à identificação e enunciados que representam, para o espectador, indicações sobre o desejo do Outro.

O "triunfo do capital investido" na televisão é consagração da plasticidade do próprio capital, este acontecimento simbólico que afirma sua onipresença através das imagens, a tal ponto que o comentário de Adorno poderia ser hoje complementado por Guy Debord: "O espetáculo é a outra face do dinheiro: o equivalente geral abstrato de todas as mercadorias. (...) O espetáculo é o dinheiro que apenas se olha"[6].

Na mesma linha de pensamento, espantosamente no mesmo ano em que Adorno e Horkheimer escreveram sobre a indústria cultural, Jacques Lacan, em uma conferência na Inglaterra[7], disse preocupar-se com o desenvolvimento, na segunda metade do século XX, dos "meios de agir sobre o psiquismo através de uma manipulação combinada de imagens e paixões" – entre as quais menciona, sem maiores explicações, certas "paixões de segurança". Os "meios de se agir sobre o psiquismo" são estes mesmos que procuramos analisar aqui. Mas em que consistem

---

[6] Debord, *A sociedade do espetáculo*, cit., p. 34.

[7] J. Lacan, "A psiquiatria inglesa e a guerra" (1947), citado por Marie-Hélène Brousse em *O inconsciente é a política* (São Paulo, Escola Brasileira de Psicanálise, 2002).

as tais "paixões de segurança" e como a indústria do espetáculo se serve delas? A crítica ao indivíduo, em Adorno, talvez nos responda.

Em Adorno, encontramos uma crítica do indivíduo sob o signo da indústria cultural, que em alguns trechos mais se parece com uma nostalgia de um ideal de "indivíduo" que não se cumpriu.

> Mas os projetos de urbanização que, em pequenos apartamentos higiênicos, destinam-se a perpetuar o indivíduo como se ele fosse independente, submetem-no ainda mais profundamente a seu adversário, o poder absoluto do capital.[8]

Parece um lamento pela falência do indivíduo, aniquilado pelo capital – mas não foi sob o capitalismo liberal que o indivíduo floresceu? É difícil distinguir, em Adorno, a crítica do individualismo do lamento pela falência do indivíduo.

> A liquidação do trágico confirma a eliminação do indivíduo. Na indústria, o indivíduo é ilusório não apenas por causa da padronização do modo de produção. Ele só é tolerado na medida em que sua identidade incondicional com o universal está fora de questão. Da improvisação padronizada no jazz aos tipos originais do cinema (...) o que domina é a pseudo-individualidade. O individual reduz-se à capacidade do universal de marcar tão integralmente o contingente que ele possa ser conservado como o mesmo.[9]

Mais adiante, vai referir-se a "individualidades produzidas em série":

> A pseudo-individualidade é um pressuposto para compreender e tirar da tragédia sua virulência.
> É só porque os indivíduos *não são mais indivíduos* mas sim meras

---

[8] Adorno, "A indústria cultural", cit., p. 113.

[9] Ibidem, p. 144.

> encruzilhadas das tendências do universal, que é possível reintegrá-los totalmente na universalidade. A cultura de massas revela assim o caráter fictício que a forma do indivíduo sempre exibiu na era da burguesia.[10]

Até aqui, parece que Adorno acredita na soberania do individual preexistente à era burguesa e degradada por ela. Mas vai criticar essa idéia em seguida:

> O princípio da individualidade estava cheio de contradições desde o início. *Por um lado*, a individuação jamais chegou a se realizar de fato. (...) Todo personagem burguês exprimia, apesar de seu desvio e graças justamente a ele, a mesma coisa: a dureza da sociedade competitiva. O indivíduo, sobre o qual a sociedade se apoiava, trazia em si mesmo sua mácula: em sua aparente liberdade, ele era o produto de sua aparelhagem econômica e social. (...) *Ao mesmo tempo*, a sociedade burguesa também desenvolveu, em seu processo, o indivíduo. Contra a vontade de seus senhores, a técnica transformou os homens de crianças em pessoas. Mas cada um desses progressos da individuação se fez à custa da individualidade em cujo nome tinha lugar, e deles não sobrou senão a decisão de perseguir apenas os fins privados.[11]

Parece que a crítica, nessa passagem, aponta para a redução do "indivíduo", que floresceu sob as condições da vida burguesa, a um somatório de pessoas perseguindo suas finalidades privadas – o que torna todos idênticos, afinal. Esses "desenraizados", privatizados, isolados, são presas fáceis de propostas de engajamento autoritárias, em função de seu desamparo subjetivo. Aqui podemos situar as "paixões de segurança" mencionadas por Lacan: o "indivíduo", como ideal que promove identificações, só se sustenta pelo recalque da dívida simbólica, que produz um "a mais" de alienação. Perdido de suas referên-

---

[10] Ibidem, p. 145 (grifos meus).

[11] Ibidem, p. 145.

cias simbólicas, desgarrado da comunidade de seus semelhantes – que se reduziu a uma massa indiferenciada de pessoas perseguindo, uma a uma, seus "fins privados" –, o indivíduo, sob o capitalismo tardio, ficou à mercê das imagens que o representam para si mesmo.

Vejamos Debord, para quem o espetáculo não é um conjunto de imagens, mas uma "relação social entre pessoas, mediada pelas imagens"[12] – a imagem industrial, nesse caso, tem a qualidade do fetiche, e sintetiza o modo contemporâneo de alienação que venho chamando de mais-alienação para designar um modo de expropriação simbólico equivalente ao que produz a mais-valia. A lógica que se impõe a partir da imagem fetiche é: "o que aparece é bom; o que é bom aparece" – de tal modo que o reconhecimento social desses indivíduos desamparados depende inteiramente da visibilidade. Só que não se trata da visibilidade produzida pela ação política, mas da visibilidade espetacular, que obedece a uma ordem na qual o único agente do espetáculo é ele mesmo.

Nesse aspecto, recorro à formulação de Isleide Fontenelle[13], para quem a sociedade do espetáculo é um momento da sociedade capitalista em que o princípio de diferenciação se dá pela imagem. Ora, a imagem – lembremos o conceito de estádio do espelho, em Lacan – é a forma mais primitiva de identificação, que nos coloca na dependência absoluta do olhar do Outro.

Se em qualquer forma de vida humana a primeira certeza de nossa existência se forma a partir da constatação de que o Outro nos vê, a visibilidade espetacular que prolonga esta certeza na vida dos adultos hoje é muito diferente do conceito de

---

[12] Debord, *A sociedade do espetáculo*, cit., p. 14.

[13] Autora de *O nome da marca: McDonald's, fetichismo e cultura descartável* (São Paulo, Boitempo, 2002), em debate na PUC/SP, em setembro de 2003.

visibilidade *política* tal como estabelecido por Hannah Arendt[14], por exemplo. Dependemos do espetáculo para confirmar que existimos e para nos orientar em meio a nossos semelhantes, dos quais nos isolamos.

Guy Debord:

> O homem cuja vida se banaliza precisa se fazer representar espetacularmente.
>
> O sistema econômico fundado no isolamento é uma *produção circular do isolamento*. O isolamento fundamenta a técnica; reciprocamente, o processo técnico isola.
>
> Do automóvel à televisão, todos os bens selecionados pelo sistema espetacular são armas para reforçar as condições de isolamento das multidões solitárias. O espetáculo encontra sempre mais, e mais concretamente, suas próprias pressuposições.[15]

Diante da necessidade de segurança do indivíduo isolado na multidão, o espetáculo ocupa o lugar do "pseudo-sagrado": um sistema circular de produção de sentido e de "verdade".

"Desacostumar-se da subjetividade"

Quando não é reduzido a mais um competidor na massa, o "indivíduo" é tratado como "consumidor". A operação consiste em apelar para a dimensão do desejo, que é singular, e responder a ela com o fetiche da mercadoria. A confusão que se promove, entre objetos de consumo e objetos de desejo, desarticula, de certa forma, a relação dos sujeitos com a dimensão simbólica do desejo, e lança a todos no registro da satisfação de necessidades, que é real. O que se perde é a singularidade

---

[14] Hannah Arendt, *The Human Condition* (Chicago, The University of Chicago Press, 1958).

[15] Debord, *A sociedade do espetáculo*, cit., p. 23.

das produções subjetivas, como tentativas de simbolização. Vejamos em Guy Debord:

> A alienação do espectador em favor do objeto contemplado (o que resulta de sua própria atividade inconsciente) se expressa assim: quanto mais ele contempla, menos vive; quanto mais aceita reconhecer-se nas imagens dominantes da necessidade, menos compreende sua própria existência e seu próprio desejo.[16]

Em Adorno: "Ao desejo, excitado por nomes e imagens cheios de brilho, o que enfim se serve é o simples encômio do cotidiano cinzento ao qual ele queria escapar[17]."

Mais adiante:

> O princípio impõe que todas as necessidades lhe sejam apresentadas como podendo ser satisfeitas pela indústria cultural, mas, por outro lado, que essas necessidades sejam de antemão organizadas de tal sorte que ele se veja nelas unicamente como um eterno consumidor, um *objeto da indústria cultural.*[18]

O interessante dessa operação não é apenas o nivelamento do indivíduo enquanto consumidor, mas sua transformação em *objeto* da indústria, na outra ponta da linha que produz os bens com que ele deve se satisfazer.

Ainda em Adorno:

> Quanto mais firmes se tornam as posições da indústria cultural, mais sumariamente ela pode proceder com as necessidades dos consumidores, produzindo-as, dirigindo-as, disciplinando-as e, inclusive, suspendendo a diversão: nenhuma barreira se eleva contra o progresso cultural. Mas essa tendência é imanente ao próprio princípio da diversão enquanto princípio burguês esclarecido. (...) Divertir-se significa estar de acordo.[19]

---

[16] Ibidem, p. 24.

[17] Adorno, "A indústria cultural", cit., p. 131.

[18] Ibidem, p. 133 (grifos meus).

[19] Ibidem, p. 135.

A missão da indústria cultural, escreve Adorno, não é dirigir-se ao consumidor como sujeito pensante, mas *desacostumá-lo da subjetividade*! "Mesmo quando o público se rebela contra a indústria cultural, essa rebelião é o resultado lógico do desamparo para o qual ela própria o educou."[20]

Que desamparo é esse? O desamparo do aperfeiçoamento da alienação: os sujeitos já não se apóiam sobre suas faculdades de julgamento (pensamento), resolução (agir conforme o desejo) e senso moral (suportar a castração). Tampouco sustentam-se sobre os laços que as ligam a uma comunidade com base em experiências compartilhadas. Se toda experiência é mediada pelo espetáculo, cuja produção está fora do alcance da experiência mesma, e se o espetáculo "desacostuma as pessoas à subjetividade", elas estão totalmente à mercê dele. "É só por isso que a indústria cultural pode maltratar com tanto sucesso a individualidade, porque nela sempre se reproduziu a fragilidade da sociedade."[21]

É nesse sentido que podemos compreender a afirmação de Debord, de que a identificação do espectador com as imagens que se oferecem a ele como representação das suas necessidades o afasta cada vez mais da possibilidade de compreeender sua existência e seu desejo.

Ocorre que a sociedade dos indivíduos "desacostumados à subjetividade" não é a sociedade dos homens capazes de estabelecer entre eles relações "objetivas", ou seja, livres do excedente de alienação que o capitalismo industrial fabrica diariamente. Ao contrário, o que o espetáculo produz é uma versão hipersubjetiva da vida social, na qual as relações de poder e dominação são todas atravessadas pelo afeto, pelas identificações, por preferências pessoais e simpatias. E quanto mais o indivíduo,

---

[20] Ibidem, p. 135.
[21] Ibidem, p. 146.

convocado a responder como consumidor e espectador, perde o norte de suas produções subjetivas singulares, mais a indústria lhe devolve uma subjetividade reificada, produzida em série, espetacularizada. Esta subjetividade industrializada ele consome avidamente, de modo a preencher o vazio da vida interior da qual ele abriu mão por força da "paixão de segurança", que é a paixão de pertencer à massa, identificar-se com ela nos termos propostos pelo espetáculo. Por aí se explica o interesse do público que assiste aos *reality shows* dos anos 2000 na tentativa de flagrar alguma expressão espontânea da subjetividade alheia sem se dar conta de que os participantes desse tipo de espetáculo estão tão "formatados" pela televisão, tão "desacostumados da subjetividade" quanto o telespectador.

A crítica da pseudo-individualidade em Adorno abrange os métodos de coerção aperfeiçoados pela indústria cultural, que só reconhece aqueles que ela é capaz de incluir em seu sistema. Adorno faz várias referências ao imperativo de conformidade, reforçado pela exclusão radical dos que não se adaptam.

> A unidade implacável da Indústria Cultural atesta a unidade em formação da política. (...) Para todos algo está previsto; para que ninguém escape, as distinções são acentuadas e difundidas. (...) Reduzidos a simples material estatístico, os consumidores são distribuídos nos mapas dos institutos de pesquisa (que não se distinguem mais dos de propaganda) em grupos de rendimento assinalados por zonas vermelhas, verdes e azuis.
> (...) Em seu lazer, as pessoas devem se orientar por essa unidade que caracteriza a produção.[22]

Essa passagem poderia dialogar com o comentário de Guy Debord: "espetáculo é o dinheiro que se olha". Nada mais uniforme, nada mais opressivo, já que apaga o homem como agente social, em favor da mais abstrata e universal de todas as mer-

[22] Ibidem, p. 116-7.

cadorias. Além disso, espetáculo torna essa opressão *desejável*. É a face sedutora da opressão. "Discurso ininterrupto que a ordem atual faz a respeito de si mesma. (...) É o auto-retrato do poder na época de sua gestão totalitária das condições de existência"[23].

Devemos colocar uma ênfase nessa afirmação de Debord a respeito do aspecto *totalitário* do poder que se traduz inteiramente em espetáculo, mercadoria capaz de ocupar totalmente a vida social a ponto de não se conseguir ver mais nada além dela. É a face imaginária da dominação, o mito que "naturaliza" o poder e coloca nossa fantasia a seu serviço: "O espetáculo é a conservação da inconsciência na mudança prática das condições de existência."[24]

A referência a Eugênio Bucci[25] cabe bem aqui. Ninguém melhor do que ele demonstrou que "o gestor do espetáculo é o inconsciente".

Isso nos remete à relação da indústria cultural com a reprodução dos dispositivos de poder, cujo primeiro alvo é o próprio artista. Este, que na modernidade deveria realizar as pretensões mais sublimes do individualismo, é o mais pressionado à conformidade pela própria condição de sua inserção profissional na indústria. Adorno:

> Só a obrigação de se inserir incessantemente sob a mais drástica das ameaças, na vida dos negócios como um especialista estético, impôs um freio definitivo ao artista. (...) A análise feita há cem anos por Tocqueville verificou-se integralmente nesse meio-tempo. Sob o monopólio privado da cultura a tirania deixa o corpo livre e vai direto à alma. O mestre não diz mais: você pensará como eu ou morrerá. Ele diz: você é livre de não pensar como eu: sua vida, seus bens, tudo você há de conservar, mas de hoje

---

23 Debord, *A sociedade do espetáculo*, cit., p. 20.

24 Ibidem, p. 21.

25 Eugênio Bucci, tese de doutoramento (inédita).

> em diante você será um estrangeiro entre nós. Quem não se conforma é punido com uma impotência econômica que se prolonga na impotência espiritual do individualista. Excluído da atividade industrial, ele terá sua insuficiência facilmente comprovada.[26]

Mas o trabalho do artista contratado pela indústria visa, evidentemente, às massas:

> Assim como os dominados sempre levaram mais a sério do que os dominadores a moral que deles recebiam, hoje em dia as massas logradas sucumbem mais facilmente ao mito do sucesso dos bem-sucedidos. *Elas têm os desejos deles.* Obstinadamente, insistem na ideologia que os escraviza.[27]

Adorno confirma a hipótese acima de que o espetáculo instrumentaliza o imaginário de modo a tornar a dominação desejável.

No dizer de Debord, "a mais velha especialização social, a especialização do poder, encontra-se na raiz do espetáculo. Assim, o espetáculo é uma atividade especializada que responde a todas as outras. É a representação diplomática da sociedade hierárquica diante de si mesma, na qual toda outra fala é banida"[28]. Em outra passagem, o autor escreve: "O caráter fundamentalmente tautológico do espetáculo decorre do simples fato de seus meios serem, ao mesmo tempo, seu fim. É o sol que nunca se põe no império da passividade moderna"[29].

Ao indivíduo como consumidor corresponde, logicamente, a arte como mercadoria. A arte não teria mais uma função subjetivante, como expressão do artista enquanto sujeito do desejo – essa a dimensão de universalidade que permite que a obra de arte diga respeito a todos. Ao contrário, adquire uma

---

[26] Adorno, "A indústria cultural", cit., p. 125.

[27] Ibidem, p. 125 (grifos meus).

[28] Debord, *A sociedade do espetáculo*, cit. p. 20.

[29] Ibidem, p. 17.

função objetiva – como valor de troca – que se dirige a um "outro" universal: os receptores como mercado.

> O novo não é o caráter mercantil da obra de arte, mas o fato de que, hoje, ele se declara deliberadamente enquanto tal, e é o fato de que a arte renega sua própria autonomia, incluindo-se orgulhosamente entre os bens de consumo, que lhe confere o encanto da novidade. A arte como um domínio separado só foi possível como arte burguesa. (...) O Beethoven mortalmente doente, que joga longe um romance de Walter Scott com o grito: "este sujeito escreve para ganhar dinheiro" e que, ao mesmo tempo, se mostra na exploração dos últimos quartetos – a mais extremada recusa do mercado – como um negociante altamente experimentado e obstinado, fornece o exemplo mais grandioso da unidade dos contrários, mercado e autonomia, na arte burguesa. Os que sucumbem à ideologia são exatamente os que ocultam a contradição, em vez de acolhê-la na consciência de sua própria produção, como Beethoven.[30]

E Flaubert. E no Brasil de hoje, muito criticados por isso, os Racionais MC's.

Este imperativo da inclusão, cujo enfrentamento cobra ao artista o preço de uma tal marginalidade que o ameaça de tornar-se invisível ou insignificante, produz no indivíduo como consumidor o que Debord chama de "aceitação dócil do que existe", indicando a autonomia da economia sobre a vida social. O espetáculo visa a identificação entre *bens* e mercadorias; este o sentido da afirmação de Debord, de que a lógica da produção alienada é aperfeiçoada pelo consumo alienado.

O espetáculo e o imperativo do gozo

Por fim, devemos investigar a relação proposta por Adorno, na década de 1940, entre a liberalidade da indústria cultural e

[30] Adorno, "A indústria cultural", cit., p. 146-7.

o *recalcamento* do pensamento e da libido. Será que hoje o conceito de recalque ainda pode ser aplicado aí?

Adorno escreve que a relação que se estabelece entre as obras da cultura industrializada e as representações da subjetividade reificada suscita que a sexualidade seja permanentemente convocada, de modo a reforçar o recalcamento da finalidade principal.

> Eis aí o segredo da sublimação estética: apresentar a satisfação como uma promessa rompida. A indústria cultural não sublima, mas reprime. (...) As obras de arte são ascéticas e sem pudor, a indústria cultural é pornográfica e puritana.[31]

Mais adiante, no mesmo parágrafo, afirma ainda:

> A produção em série do objeto sexual produz automaticamente seu recalcamento.[32]

Em primeiro lugar, gostaria de examinar separadamente o recalcamento do pensamento e da libido, mesmo que a representação desta dependa do trabalho do primeiro. Em um texto de minha autoria escrito em 1989[33], propus que o fluxo ininterrupto de imagens oferecido pela televisão, organizado segundo a lógica da realização de desejos, dispensa o espectador da *necessidade* do pensamento, o que é uma operação diferente do recalcamento – e, aliás, é muito mais eficiente do que isso. A televisão, a publicidade e outros produtos da cultura industrializada dispensam os sujeitos de pensar, pelo menos enquanto eles ocupam a condição de espectadores. O binômio diversão/distração é a realização de um modo de ocupação do tempo livre que, sendo a continuidade lógica do tempo do trabalho alienado, não solicita o trabalho do pensamento.

---

31 Adorno, "A indústria cultural", cit., p. 131.

32 Ibidem, p. 131.

33 Maria Rita Kehl, "Imaginário e pensamento", em Adauto Novaes (org.), *A rede imaginária* (São Paulo, Secretaria Municipal de Cultura, 1990).

> Ao desejo, excitado por nomes e imagens cheios de brilho, o que enfim se serve é o simples encômio do quotidiano cinzento ao qual ele queria escapar.[34]

Escreve ainda Adorno: "Divertir-se significa estar de acordo"[35]. Para isso o pensamento é completamente desnecessário.

Na vertente da dimensão sexual do desejo, penso que a evolução da relação da indústria cultural com o inconsciente das massas, capturado pelos métodos avançados das pesquisas de *marketing*, produz hoje um fenômeno que não se confunde com o recalcamento: é mais eficiente do que isto.

Afinal, o modo de inclusão imaginária proposto pela sociedade de consumo difere daquele proposto pelo capitalismo em sua fase produtiva. Se no longo período que se seguiu à revolução industrial as massas urbanas eram convocadas enquanto força de trabalho, das quais se exigia dedicação, esforço, sacrifícios e um permanente adiamento das gratificações esperadas – o mesmo valendo para o contexto do pós-guerra em que Adorno analisou o papel da indústria cultural – nas condições atuais em que os homens valem menos como força de trabalho do que como consumidores, os valores que condicionam a inclusão se inverteram. Não mais o esforço e o sacrifício, mas o "direito ao prazer". Não mais o adiamento da gratificação, mas o gozo imediato de tudo o que se oferece para este fim. Não mais a renúncia pulsional e a "castração"[36], mas a fantasia narcisista de um eu que se prolonga nos seus objetos de satisfação. Neste contexto, o recalcamento seria contraproducente. Não

[34] Adorno, "A indústria cultural", cit., p. 131.

[35] Ibidem, p. 135.

[36] Parece-me que Adorno utiliza o termo "castração" em um sentido leigo: não como a barra que separa o *infans* de seu gozo e instaura o sujeito do desejo, mas como a ação coercitiva da sociedade sobre as possibilidades de satisfação sexual dos indivíduos. Do mesmo modo, o termo "recalcamento" pode estar sendo utilizado no sentido de "repressão", que remete às interdições sociais e não às representações inconscientes.

se trata mais de recalcar o desejo e sim de seduzir o sujeito do desejo, no sentido de "desviá-lo de seu caminho".

O poder de sedução da imagem espetacular realiza-se nas propriedades do fetiche. O fetiche possibilita a naturalização de uma relação social: é o apagamento da história. Aí, sim, podemos pensar em um saber recalcado. O que é a fabricação concreta da alienação a que se refere Debord senão a produção *industrial* do inconsciente? É o inconsciente na sua dimensão objetiva: "o espetáculo é uma visão de mundo que se objetivou"[37].

Ainda sobre o recalcamento da sexualidade (*lato sensu*): será que a sociedade atual vive o "império do desejo", como imaginam os marqueteiros? O desejo sustenta-se da interdição do gozo. A publicidade, por exemplo, exerce um constante apelo ao *gozo* que apaga a dimensão do desejo. Ela oferece a positivação das representações recalcadas do desejo, projetadas nas mercadorias e sobretudo em suas marcas, que são o modo de inclusão de todos os valores de uso na linguagem do espetáculo. A publicidade e a telenovela já não oferecem as imagens sexuais como "promessa rompida" a que se referia Adorno, mas como ato consumado e autorização ao gozo.

A saturação de imagens que evocam representações do desejo inconsciente – reveladas pelo avanço técnico das pesquisas de *marketing* e positivadas nas imagens da publicidade, do cinema, das telenovelas e dos programas de auditório – dispensa os consumidores/espectadores da responsabilidade pela dimensão singular do inconsciente. Isso é o oposto do recalcamento; é a materialização e a mercantilização do inconsciente. Isleide Fontenelle cita Frederic Jameson ao afirmar que o capitalismo colonizou o inconsciente.

No entanto, quando Debord se refere à "conservação da inconsciência na mudança prática das condições de existência", o conceito de inconsciência que utiliza parece-me mais próximo ao inconsciente na psicanálise.

[37] Debord, *A sociedade do espetáculo*, cit., p. 14.

O que se produz é uma versão do "inconsciente coletivo" em escala industrial, com o conseqüente "apagamento" dos sujeitos do inconsciente. Isto é: o inconsciente se manifesta como instância supra-imaginária, que não diz respeito aos homens, mas se apresenta a eles como alheio à subjetividade, como resposta positiva ao enigma do desejo do Outro. O desejo do Outro, ao qual o sujeito do inconsciente tenta responder com suas produções sintomáticas e/ou simbólicas, se revela aos homens na universalidade do espetáculo, tornando as produções singulares obsoletas, dispensáveis. Este é um aperfeiçoamento da alienação e do desamparo – portanto, da produção subjetiva de submissão – que Adorno não tinha como prever.

É o coração que trabalha para a acumulação de capital na indústria do entretenimento. O coração e o inconsciente, desimpedido de suas antigas restrições porque passou a se apresentar do lado dos imperativos da sociedade de consumo, que é o lado do supereu. "Goza!", diz a teledramaturgia exibicionista aos *voyeurs* do vídeo. "Goza!", diz a máquina publicitária aos consumidores em potencial.

A publicidade é um aspecto central na dinâmica do espetáculo. Com um pé fortemente fincado na circulação de mercadorias, outro no campo das práticas artísticas e criativas, a publicidade está tão incorporada à cultura das sociedades modernas que não concebemos a vida sem ela. Adorno previu essa promiscuidade entre a publicidade e a cultura:

> A publicidade é hoje um princípio negativo, um dispositivo de bloqueio: tudo aquilo que não traga seu sinete é economicamente suspeito. (...) Na medida em que a pressão do sistema obrigou todo produto a utilizar a técnica da publicidade, essa invadiu o idioma, o "estilo" da indústria cultural.[38]

---

[38] Adorno, "A indústria cultural", cit., p. 152.

A publicidade se estabeleceu nas economias capitalistas como um recurso indispensável para o escoamento dos bens de consumo; mas o desenvolvimento de suas técnicas de aliciamento do consumidor extrapolou o objetivo original de promover a venda de certas mercadorias. Hoje a publicidade não serve apenas para convencer o possível comprador de que um carro é mais potente do que outro, ou que matar a sede com a cerveja *x* é muito mais gostoso do que com *y* (embora todos saibam que cerveja não mata a sede). Junto com carros, cervejas e cartões de crédito acessíveis a uma parcela da sociedade, a publicidade vende sonhos, ideais, atitudes e valores para a sociedade inteira. Mesmo quem não consome nenhum dos objetos alardeados pela publicidade como se fossem a chave da felicidade, consome a imagem deles. Consome o desejo de possuí-los. Consome a identificação com o "bem", com o ideal de vida que eles supostamente representam.

Os publicitários descobriram que é possível fazer o inconsciente do consumidor trabalhar a favor do lucro de seus clientes. O inconsciente, como se sabe, não é ético – nem antiético. O inconsciente é amoral. Ele funciona de acordo com a lógica da realização (imediata) dos desejos, que na verdade não é tão *individual* quanto parece. O desejo é social. Desejamos o que os outros desejam, ou o que nos convidam a desejar. Uma imagem publicitária eficaz deve apelar ao desejo inconsciente, ao mesmo tempo em que se oferece como objeto de satisfação. Ela determina quais serão os objetos imaginários de satisfação do desejo, e assim faz o inconsciente trabalhar para o capital. Só que o sujeito do inconsciente nunca encontra toda a satisfação prometida no produto que lhe é oferecido – nesta operação, quem goza mesmo é o capitalista!

O que a publicidade propõe aos consumidores em potencial é uma pseudo-escolha. "Seja livre: escolha o melhor modelo de automóvel do mercado – da marca x". Aqueles que podem comprar um carro naquela faixa de preço perceberão que as marcas se equivalem; para os que não podem – a grande maioria – a escolha não se coloca. Os que não se incluem entre os que podem comprar ficam de fora. Fora da representação. Fora do discurso. Ou são incluídos pela identificação com as imagens: esta a "fabricação concreta da alienação" a que se refere Debord.

A publicidade dirige-se ao desejo e responde a ele com mercadorias. Interessa-se pelos sonhos e fantasias para captá-los como "tendências de mercado", e até mesmo os anseios políticos por liberdade e democracia são vertidos na forma dos "direitos de escolha do consumidor". Se alguém se manifestar contra os abusos que são cometidos, o publicitário – ou os diretores de programação das redes de televisão – dirá, apoiado pelas pesquisas de *marketing*, que só está nos oferecendo o que nós já desejávamos. No mundo claustrofóbico do espetáculo, as pessoas são continuamente remetidas de volta a si mesmas.

A publicidade convoca todos a gozar de privilégios dos consumidores da elite. Se a alternativa fosse acessível a todos, não haveria privilegiados. Como não é, o que está sendo oferecido como tentação irrecusável é o direito de excluir a maioria. Assim sendo, a lógica da publicidade, hoje, está visceralmente comprometida com a lógica da violência banal que se expande como epidemia no mundo contemporâneo.

FETICHISMO

Maria Rita Kehl

Era uma vez um menino excepcionalmente talentoso para o futebol. Ele teve uma rápida ascensão, de craque do seu time para craque da seleção brasileira, daí para herói nacional, de herói a símbolo sexual e de símbolo sexual a garoto propaganda de todos os produtos imagináveis, associados ou não ao esporte. Sua consagração veio quando, em plena Copa do Mundo de 1998, foi transformado em *stand* de vendas da Nike. O país passou a comentar, fascinado, menos a qualidade de seu futebol do que o valor de seu contrato com a multinacional. A recuperação física e psicológica de Ronaldo, ex-Ronaldinho, na Copa de 2002, deve ter ajudado muita gente a se esquecer do drama vivido pelo jogador na decisão de 1998 contra a França, quando ele entrou em campo – por espírito de sacrifício ou obrigação contratual? – totalmente fora de condições para jogar.

Vista por outro ângulo, essa história poderia ser contada assim: era uma vez um jogador de futebol que foi transformado em imagem. Essa imagem emitiu para o mundo todo fulgurações de fetiche, mas o jogador desapareceu atrás dela. No jogo decisivo da Copa de 1998, sobrecarregado com o peso do logotipo milionário em sua camiseta, da namorada loira para-inglês-ver, das esperanças de restaurar a auto-estima de um país inteiro, Ronaldinho não conseguiu evitar que sua humanidade se manifestasse. Convulsão ou síndrome do pânico, *overdose* de remédios para recuperar uma contusão muscular ou *overdose* de angústia, depressão ou dor-de-cotovelo, o fato é que o jogador não sustentou o peso da imagem e fracassou escandalosamente no gramado. Uma outra imagem então, não de herói e sim de *clown*, atrapalhado com as próprias pernas, foi transmitida para o mundo todo, entrando via satélite em milhões de salas de milhões de fãs confusos.

Tudo o que eu pensei depois da derrota do Brasil para a França naquele domingo foi: como é que o Ronaldinho vai se recuperar? Pergunta que contém duas questões. Uma: como é que o jogador vai recuperar sua autoconfiança depois deste fracasso e voltar a jogar um futebol tão bom quanto antes? A outra: como é que a mídia vai conseguir recuperar a imagem dele para o mundo, para que sua figura pública volte a render o que rendia antes da Copa? Não por acaso, as duas questões se superpõem. No caso daquele Ronaldinho, como no do outro que veio substituí-lo logo em seguida, trazendo o mesmo nome, como duas mercadorias idênticas que se sucedem na saída de uma linha de montagem, é quase impossível se estabelecer uma separação clara entre pessoa e imagem.

O problema não é exclusividade dos Ronaldos. Assim como eles e outros esportistas excepcionais, muitas outras figuras públicas vivem o drama da captura do sujeito pela imagem. Alguns, como a Xuxa e sua gravidez espetacular, conseguem viver o drama pelo lado cômico (mesmo quando não se dão conta da comédia), beirando o ridículo. Outros, como a atriz Vera Fischer no final dos anos 1990, aproximam-se de um desfecho trágico, o que não impede que seu sofrimento – brigas conjugais, porres, drogas – se transforme em capa de revista. O escândalo, claro, não prejudica em nada sua fama, pois de uma boa *pin-up* a indústria cultural aproveita tudo, transforma tudo em imagem. Até o berro.

Ao drama individual destas personagens públicas exibidas/ exploradas até o caroço pela mídia impressa e eletrônica, corresponde um outro drama, este vivido em massa pelos consumidores de imagens contemporâneos. Em plena cultura do individualismo, da independência pessoal e da liberdade (como valores dominantes), vive-se uma espécie de mais-alienação, de rendição absoluta ao brilho não exatamente dos objetos, mas da *imagem* dos objetos. Mais ainda: rendição ao brilho da imagem de algumas personagens públicas identificadas ao gozo que os objetos deveriam proporcionar.

É como se as relações de dominação/exploração entre sujeitos, que há mais de um século se ocultam sob o fetichismo da mercadoria, insistissem em retornar, num movimento semelhante ao do *retorno do recalcado* que todas as formas de esquecimento das origens produzem. O retorno desta subjetividade negada, numa cultura em que as manifestações subjetivas são todas regidas pela exaltação narcísica do indivíduo, se dá sob o modo dessa *solução de compromisso* proposta pela indústria cultural: em troca da parcela de vida humana entregue à mercadoria (pelo trabalhador e pelo consumidor!), apropriamo-nos do simulacro da subjetividade de alguns sujeitos investidos do máximo valor narcisista, da máxima autonomia, da máxima capacidade de desfrute de todas as possibilidades contidas em uma vida. Como se estes sujeitos ditos privilegiados não fossem pobres diabos, vendedores de força de trabalho, assim como a maioria de seus fãs.

Como uma solução de compromisso é exatamente o que caracteriza um sintoma – tentativa de obter prazer e, ao mesmo tempo, manter o recalque – o mal-estar persiste. Mas a aposta na repetição da fórmula fetichismo/mais-alienação, também.

Pois não é o predomínio da imagem pública sobre uma suposta verdade individual que caracteriza a nossa época. Em *O declínio do homem público*[1], o sociólogo Richard Sennett explica que a preocupação com a exposição da personalidade individual em público e a tentativa de controlar os efeitos que se pretende que a própria imagem produza sobre o outro, são típicos da sociedade burguesa desde a sua origem, no final do século XVIII. A novidade, duzentos anos atrás, das possibilidades de ascensão social, por um lado, e o declínio dos sinais de distinção estabelecidos pela ordem aristocrática, por outro, deixavam os cidadãos inseguros em relação aos sinais que emitiam, e também quanto aos que eram obrigados a ler, nas imagens uns dos outros. Cuidar da própria imagem, escolher criteriosamente o modo de aparecer em público, tentar ostentar sinais de distinção acima de sua posição social etc. eram condições do sucesso burguês, tanto nos negócios quanto nas relações pessoais. Esta é a matéria-prima dos romances de Balzac, por exemplo, que escreveu toda sua *Comédia humana* para denunciar a farsa por trás do jogo das aparências da burguesia emergente (como se a aristocracia não vivesse de aparências! só que naquele caso as aparências serviam para confirmar, e não para ocultar, a origem – mas já não pretendo estender esta análise tão longe assim).

Então, não é o predomínio da imagem sobre a personalidade, ou da aparência sobre a "essência", que caracteriza a sociedade contemporânea. O que nos diferencia hoje de outros períodos da modernidade é a espetacularização da imagem e seu efeito sobre a massa dos cidadãos indiferenciados, transformados em platéia ou em uma multidão de consumidores da (aparente) subjetividade alheia. Na sociedade contemporânea, a estreita ligação entre o mercado e os meios de comunicação de massa é evidente, e necessária. Nesta "sociedade do espetá-

---

1 Richard Sennett, *O declínio do homem público* (São Paulo, Companhia das Letras, 1988).

culo (...) a mídia estrutura antecipadamente nossa percepção da realidade, e a torna indiscernível de sua imagem estetizada"[2]. A mídia produz os sujeitos de que o mercado necessita, prontos para responder a seus apelos de consumo sem nenhum conflito, pois o consumo – e, antecipando-se a ele, os efeitos fetichistas das mercadorias – é que estrutura subjetivamente o modo de estar no mundo dos sujeitos.

A exaltação do *indivíduo* como representante dos mais elevados valores humanos que esta sociedade produziu, combinada ao achatamento subjetivo sofrido pelos sujeitos sob os apelos monolíticos da sociedade de consumo, produz este estranho fenômeno em que as pessoas, despojadas ou empobrecidas em sua subjetividade, dedicam-se a cultuar a imagem de outras, destacadas pelos meios de comunicação como representantes de dimensões de humanidade que o homem comum já não reconhece em si mesmo. Consome-se a imagem espetacularizada de atores, cantores, esportistas e alguns (raros) políticos, em busca do que se perdeu exatamente como efeito da espetacularização da imagem: a dimensão, humana e singular, do que pode vir a ser uma pessoa, a partir do singelo ponto de vista de sua história de vida.

Dois conceitos de fetiche

E o fetichismo, onde entra nessa história? Temos mais de duzentos anos de capitalismo, e se estivermos de acordo com Marx, o fetichismo da mercadoria, como modo de ocultamento das relações de dominação/exploração entre os homens sob a aparência das relações de troca entre as coisas, nasceu com ele, isto é: nasceu com a transformação dos produtos do trabalho

---

2 Guy Debord, *La société de l'espetacle*, apud S. Žižek, *Um mapa da ideologia* (Rio de Janeiro, Contraponto, 1996).

humano em mercadorias. Temos cem anos de psicanálise também, e de acordo com Freud o fetichismo como modo de ocultamento da falta nasce com a recusa, por parte do sujeito moderno (que é o sujeito neurótico), em admitir a diferença sexual entre homens e mulheres. Aliás, fetichismo é um dos dois conceitos comuns entre os dois grandes sistemas de pensamento modernos, o materialismo histórico (vulgo marxismo) e a psicanálise. O outro é alienação.

Então, é preciso tentar responder, primeiro: se os dois conceitos foram batizados com o mesmo nome, o que o fetiche da mercadoria tem em comum com o fetiche (sexual) do sujeito da psicanálise? E, segundo: é possível dizer que a imagem, na era da mídia eletrônica (ou desde a invenção do cinema), seja a forma mais atualizada de fetiche? Como é que a imagem dos ídolos do mundo dos espetáculos circula, hoje, produzindo sobre os sujeitos que a consomem – isto é, que "acreditam" nela – o efeito de um fetiche? Uma terceira questão está embutida nas duas primeiras: como é que o fetichismo opera determinando uma subjetividade, e como é que esta subjetividade se objetiva nas relações de troca, tanto materiais quanto libidinais, da sociedade atual?

Freud parte de uma pequena parábola para explicar o mecanismo de funcionamento psíquico do fetiche[3]. Ele supõe um menino pequeno, que até uma certa idade vive numa espécie de paraíso: o paraíso do primado do falo. A fantasia que sustenta sua felicidade é de que sua mãe é um ser completo, a quem nada falta, justamente porque tem a ele, seu filho, como objeto de sua absoluta plenitude. Mãe e filho até então formam uma unidade feliz, sem falta e sem desejo, sem angústia e sem separação (notem que eu escrevi que se trata de uma pará-

[3] S. Freud, "El fetichismo", em *Obras completas* (v. III, Biblioteca Nueva, Madri, 1973), p. 2993-6.

bola, e estas condições são idealizações teóricas). É isto o que significa dizer que, até um certo momento de sua vida, o filho (mas também a filha, já que ainda não existe a consciência da diferença sexual) é o falo da mãe.

Mas um dia o menino – e, neste ponto, é importante que seja o menino – descobre, de um jeito ou de outro, o sexo da mulher. Não de uma menina, sua irmã ou amiguinha de escola, cuja falta de um órgão sexual igual ao dele ele pode racionalizar imaginando que "ainda vai crescer", ou que "ela perdeu porque se comportou mal" (este é o primado do falo sustentado pelas tais teorias sexuais infantis que Freud descobriu, isto mesmo, descobriu, e não inventou, escutando não tanto as crianças como, principalmente, as fantasias inconscientes dos neuróticos adultos). Voltando: um dia o menino percebe, aterrorizado, que também sua santa e poderosa mãe possui um corpo meio esquisito, e que ali onde deveria existir um órgão grande e perfeito (como o dele, mas também como o do pai), não existe absolutamente nada.

Para Freud, esta descoberta infantil da diferença sexual inaugura, no menino, uma experiência de angústia – a chamada angústia de castração, advinda da percepção de que, "se eu tenho, estou exposto à possibilidade de perder" (o pênis, sim, mas mais tarde qualquer outro equivalente do falo: o dinheiro, a potência sexual, o poder, o amor da mulher etc.). Aqui, há uma diferença sutil e fundamental entre o pensamento de Freud e o de Lacan. Para o pai da psicanálise, alguns sujeitos privilegiados, neste momento de terror, "inventam" um modo de se defender da angústia que pode funcionar pelo resto de suas vidas. É como se eles voltassem um pouquinho o filme para trás e detivessem sua percepção alguns poucos segundos antes de terem deparado com o genital da mulher adulta. Então, qualquer objeto, ou pedaço de objeto, que puder servir para ocultar aquilo que o sujeito *já viu, já sabe que viu, mas não quer saber*, adquire um valor excepcional. Pode ser o sapato (antes do olhar subir pelas pernas da mulher), a calcinha, os pêlos pubianos, a barra de uma saia ou de uma anágua etc. Este objeto, na parábola freudiana, funcionará, pelo resto da vida do fulano, como objeto-fetiche. Este será o objeto capaz de mobilizar o seu desejo, pois condensa, a um só tempo, o saber do sujeito sobre a castração da mulher, e o primado do falo das teorias infantis que negam este saber.

Só que o fetichista é um perverso. Ele não quer saber do sexo da mulher, mesmo que eventualmente (o que não é comum na perversão, mas também não é impossível) passe toda a sua vida adulta tendo relações sexuais com mulheres. Ele precisa que o objeto-fetiche se interponha entre ele e a mulher, para defendê-lo da angústia de castração e ajudá-lo a sustentar o desejo.

O interessante é que Freud considera o perverso um privilegiado em relação aos neuróticos e aos psicóticos[4]. Enquanto os primeiros tentam negar a "realidade psíquica" para submeter-se aos mandatos e interdições do *supereu*, representante subjetivo do consenso social, e os segundos negam a realidade "externa" para viver num mundo organizado pela realidade psíquica, os perversos conseguem uma solução conciliatória: dividem o próprio psiquismo, isolando uma pequena evidência insuportável – que eles já conhecem, mas da qual não querem tomar conhecimento –, e organizam suas vidas, isto é, seus sistemas de trocas libidinais, de modo a manter esta pequena percepção desconfortável fora de seu alcance. Este mecanismo, Freud batizou de denegação.

O que vale a pena reter aqui, e que talvez faça a ponte entre o pensamento de Freud e o de Marx, é que o objeto fetiche

---

[4] Ver Freud, "La perdida de la realidad en la neurosis y en la psicosis", *OC*, cit., v. III, p. 2742-7.

funciona para ocultar algo, algo de que o sujeito já sabe, mas não quer saber. E que é justamente o poder de produzir este ocultamento, de guardar este segredo – o segredo da diferença sexual – que lhe confere um brilho especial, um lugar de destaque na série infinita de objetos eróticos ou erotizáveis com os quais este fulano pode deparar pelo resto da vida.

A pequena modificação que Lacan introduz em relação ao pensamento de Freud consiste em relacionar o modo fetichista de funcionamento do desejo no sujeito perverso com aquilo que move todo desejo humano nos "neuróticos comuns" que somos nós. Pois o desejo, para Lacan, é efeito da perda de um objeto inaugural, não tanto de prazer mas de gozo. Este objeto, cujo suporte imaginário mais persistente é a mãe (a mãe do complexo de Édipo, mãe fálica, anterior ao significante, impossível de se possuir), vem a ser simbolizado como objeto de completude perdida no mesmo momento em que alguma manifestação da Lei (a única Lei universal para a psicanálise, a da interdição do incesto) vem nos separar do Outro. O interessante é que a separação entre o sujeito e o Outro, o "grande outro" da teoria lacaniana cuja primeira encarnação imaginária é a mãe, produz simultaneamente a falta no sujeito *e no Outro*. Algo se perde nesta operação, um objeto que simboliza no inconsciente este gozo perdido – chamado por Lacan de "mais-gozar" – e que funciona como objeto-causa-do desejo, chamado objeto *a*.

A diferença entre o neurótico e o perverso, neste caso, é que o neurótico não sabe o que move o seu desejo; ele se vê atraído pelo brilho do objeto *a* onde menos se espera que ele exista, "um brilho na ponta do nariz", como Freud escutou de um analisando, um olhar, um nada. Para o neurótico, a própria natureza do objeto *a* já consiste num segredo. Já o perverso tenta dominar o objeto que causa seu desejo. Seguindo a mesma parábola freudiana da descoberta da diferença sexual (diferença que confirma, *a posteriori*, uma perda que o sujeito já sofreu, mas ainda não admitiu), Lacan afirma que o objeto-fetiche que se institui neste momento, o tal objeto que oculta para o sujeito as evidências da castração, funciona para o perverso como objeto. A diferença em relação ao neurótico é que o perverso nomeia um objeto real, o tal objeto-fetiche, para funcionar neste lugar.

O segredo funciona nos dois casos, mas com uma diferença: enquanto o neurótico não sabe e *sabe que não sabe* (e se pergunta, o tempo todo, como o Swann das memórias de Proust, atônito diante do fascínio que sentia por Odette de Crécy – "o que foi que eu vi nela? como é que eu fui me apaixonar desta maneira por uma pessoa tão comum?"), o perverso funciona como se soubesse, elege um objeto como prova de seu saber (sobre o desejo), tentando com isto ignorar o que já sabe – a diferença, a castração. Este objeto funciona pela vida afora como mediador de suas trocas eróticas com seus semelhantes, homens ou mulheres, e também como organizador de suas cenas masturbatórias.

Assim, para a psicanálise, fica claro que o fetichismo estrutura a subjetividade e determina um modo de relação entre os sujeitos segundo o qual um aspecto essencial – a semelhança na diferença, que permite a troca e o interesse mútuo – fica (de)negado. Mas como o sujeito da psicanálise é fundamentalmente um sujeito social, este modo de funcionamento subjetivo, que é também um modo de organizar o laço social, depende também do modo de funcionamento da sociedade em que ele vive.

Quando Freud escreveu sua teoria sobre o fetichismo, estes sujeitos perversos constituíam uma exceção numa sociedade cujas trocas materiais e libidinais eram reguladas por mecanismos muito semelhantes aos da estrutura neurótica. Na sociedade burguesa oitocentista, e até as primeiras décadas do século XX, as diferenças – de gênero, de classe social, religiosas, étnicas etc. – eram valorizadas; a exclusão entre subgrupos era rigorosamente observada, e acreditava-se que a harmonia social dependia de que cada um soubesse reconhecer o seu lugar. A fronteira que separava o universo masculino e o feminino, ou as mulheres honestas das "desonestas", os burgueses dos trabalhadores, os cristãos dos judeus, os eruditos dos incultos, era mantida à custa de regras estritamente vigiadas, e sustentada por uma enorme produção de discursos sobre a natureza humana, sobre o bem e o mal, sobre as qualidades morais das raças, dos gêneros etc.

É claro que isto se dava como formação reativa contra a enorme ameaça – real ou imaginária – que a mobilidade social recém-possibilitada pela economia capitalista representava em relação a um sistema de privilégios e de dominação estabelecido durante séculos de feudalismo. Os burgueses que destruíram o regime aristocrático tentavam colocar-se socialmente num lugar tão reconhecido, protegido e privilegiado quanto o que os aristocratas destituídos representavam, sobretudo na sua imaginação. A economia capitalista expandiu-se à custa de divisões de papéis e de direitos (análogas à divisão do trabalho industrial) muito claras, e as gerações que se ajustaram a esta ordem social pagaram um alto preço por isso: no mínimo, o preço da repressão de todos os impulsos que apontavam para a possibilidade de atravessar estas fronteiras, e mesmo de todas as percepções que pudessem indicar que as diferenças, ditas "naturais" pelos discursos morais, religiosos, filosóficos e científicos, eram na verdade artificialmente criadas para manter um novo sistema de dominação e concentração de riquezas.

O próprio Freud associou o funcionamento da sociedade em que viveu ao funcionamento da neurose obsessiva, com sua lista quase absurda de interdições, sua exigência de sacrifícios desumanos da satisfação pulsional, seus rituais tanto religiosos quanto laicos, suas regras de evitamento de contato com o outro, o diferente na semelhança, para que a ilusão da diferença pudesse conservar seu máximo rigor. Sobretudo, aquela era uma sociedade que funcionava sob o imperativo do trabalho e a interdição de todos os excessos. Resumindo: uma sociedade capitalista em fase de expansão. Nesta sociedade, o sofrimento neurótico era a norma, e a perversão, exceção. Não por acaso, o mal-estar psíquico no século começou a ganhar visibilidade por conta da expressão do sofrimento de algumas mulheres – no caso, as histéricas – de quem a ordem oitocentista talvez tenha exigido renúncias além do suportável.

Aquela não era uma sociedade "de consumo", era uma sociedade "de produção" (industrial). Hoje, não é preciso ser sociólogo para saber que a situação se alterou; a tecnologia possibilita a produção de um excesso de mercadorias com um mínimo de emprego de força de trabalho; o imperativo social deslocou-se do eixo renúncia-trabalho, para o da acumulação e do consumo. O imperativo do gozo substituiu a interdição do excesso, e embora gozar plenamente seja impossível para o ser humano, é este gozo que o supereu, reproduzindo os discursos dominantes e os valores em circulação, exige dos sujeitos. A perversão, e não a neurose, é o modo dominante, invisível, de organização do laço social. É isto que dizemos, no senso comum, quando nos referimos às formações "perversas" da sociedade contemporânea: estamos diante dos efeitos produzidos pelo apagamento das diferenças. Não se trata do apagamento daquelas diferenças estabelecidas no século XIX, artificialmente mantidas à custa da repressão e dos "bons costumes", e sim das diferenças subjetivas, condição de nossa humanidade, de nossa incompletude humana, de nossa dependência em relação ao outro. Quanto às diferenças de direitos, de privilégios e de distribuição de riquezas, bem – a suposição de uma anulação geral da semelhança na diferença nos torna cada vez mais indiferentes a elas.

A oferta de mercadorias e a onipresença das solicitações da publicidade, emitidas a partir desta nova encarnação do Outro representado pela mídia eletrônica, produzem a ilusão de que nada se perdeu e de que temos à nossa disposição uma profusão de objetos para simular o objeto perdido de nosso mais-gozar, o tal objeto *a*. Como o perverso da parábola freudiana, o cidadão ideal da sociedade de consumo acredita que possui e domina o objeto do desejo, uma série infindável deles, e que assim está livre da condição de desejar o desejo do Outro.

Não é preciso que os sujeitos, um por um, sejam estruturalmente fetichistas de acordo com o modelo freudiano da perversão, para que a sociedade como um todo funcione segundo as leis do fetiche.

Assim, vamos recorrer a Marx para entender que leis são estas, que atuam não no campo intrasubjetivo, mas no intersubjetivo. Muitos elementos da teoria psicanalítica se reencontram, quase inalterados, naquilo que Marx escreveu sobre o fetichismo da mercadoria, que regula as relações de troca e valor no mundo capitalista. A fórmula mais conhecida e clara do fetichismo da mercadoria é a de que ele é resultado de uma operação que oculta, sob a aparente equivalência objetiva das mercadorias, as diferenças – sob as formas de dominação e exploração – entre os homens que as produziram. Em outras palavras, cada mercadoria que circula no mundo capitalista e que pode ser trocada por outras, equivalentes em seu valor – equivalência que veio a ser simbolizada pela mercadoria mais abstrata de todas, o dinheiro –, traz em si mesma a história de um capitalista e de um operário; de um que comprou a força de trabalho e de um outro que a vendeu, ou mais ainda: do tempo de vida que um sujeito despossuído de qualquer outro bem teve que entregar ao capitalista para garantir sua sobrevivência, e assim continuar vendendo seu tempo e produzindo mais mercadorias.

Analisando o primeiro capítulo de *O capital*, em que Marx lança as bases de sua teoria sobre o fetichismo, Leon Rozitchner vai buscar, na origem das transformações sociais que possibilitaram o surgimento do modo de produção capitalista, aquilo que a humanidade "recalcou", a memória embutida/esquecida no corpo de cada mercadoria posta em circulação no mercado[5]. São as formas coletivas, pré-capitalistas, de produção e distribuição de bens, as organizações comunitárias que desapareceram e que sobrevivem no imaginário coletivo, representadas pela circulação de mercadorias. O que a mercadoria oculta, o seu "segredo", segundo Marx, não é a coletividade e sim o seu desaparecimento. Não é o esforço do trabalhador, mas sua expropriação:

> Marx tem, portanto, que dar conta não apenas de como foi historicamente expropriado o homem proprietário que trabalha, que culmina no sistema capitalista; também tem que dar conta de como num momento da história emerge aquela forma que está presente como expropriação do poder coletivo e, ao mesmo tempo, a forma simbólica que adquire o poder para ocultar seu próprio fundamento através das próprias forças das quais se apropria[6].

Ora, uma forma social não existe fora de um sistema simbólico no qual faça sentido, o que requer também, no dizer de Rozitchner, "uma forma perceptiva que lhe sirva de fundamento na subjetividade dos indivíduos". Os sujeitos que intercambiam mercadorias, e que medem o valor de umas pelas outras, assim como se medem uns pelos outros e terminam por medir seu

---

5 Leon Rozitchner, "Marx e Freud: a cooperação e o corpo produtivo. A expropriação histórica dos poderes do corpo", em Paulo Silveira e Bernard Doray (orgs.), *Elementos para uma teoria marxista da subjetividade* (São Paulo, Revista dos Tribunais, 1989), p. 109-46.

6 Ibidem, p. 120.

próprio valor pelo valor das mercadorias que trocam, precisam acreditar que mercadorias significam riqueza – mas para isto precisam esquecer (tal qual o fetichista freudiano: "*eu sei, mas não quero saber*") o que elas escondem, e o que eles mesmos, "enquanto processo sócio-individual, incluíram nelas como objetivação de suas qualidades subjetivas-sociais"[7].

Pois, afinal, o que faz com que as mercadorias possam ser trocadas umas pelas outras, a medida comum entre elas – observem como a tal semelhança na diferença surge aqui outra vez como condição de toda troca – é o que todas elas têm em comum: trabalho humano investido. Trabalho que se mede em tempo, tempo de vida humana (pequenas quantidades de morte, poderíamos dizer),

> o tempo de vida que ninguém poderia, aparentemente, expropriar um do outro (...) o desgaste do tempo humano de vida, o que cada um teve que pôr de seu próprio e irrenunciável tempo, deste tempo finito que lhe foi dado viver. A presença irrenunciável do tempo da própria vida, e seu valor frente ao término que é a morte, estaria soberanamente presente na determinação do valor.[8]

Este valor que mede, portanto, a morte milimétrica dos homens que venderam seu tempo na produção de mercadorias, aparece – porque os homens acreditam e *querem acreditar* que assim seja – revestido do brilho da riqueza, riqueza socialmente produzida, riqueza da sociedade inteira.

Só que para Marx, a soma das medidas do valor (tempo de trabalho humano) presente nas mercadorias não equivale necessariamente à medida da riqueza de uma sociedade. "A riqueza das sociedades em que domina o modo de produção capitalista aparece como uma imensa coleção de mercadorias",

---

[7] Ibidem, p. 130.

[8] Ibidem, p. 131.

escreve Marx no primeiro capítulo de *O capital*[9]; "e tem a mercadoria individual como sua forma elementar". Mas é bem outra sua definição de riqueza: "o que é riqueza senão a universalidade de necessidades, capacidades, gozos, forças produtivas etc., dos indivíduos, criada no intercâmbio universal?"[10]

É como se Marx escrevesse que a riqueza de uma sociedade se mede pela riqueza simbólica, psíquica – por que não dizer, hegelianamente, "espiritual" – não de cada indivíduo isoladamente, nem pela soma das riquezas subjetivas individuais, mas pela riqueza simbólica posta em circulação *entre todos os sujeitos*. E também pela riqueza das potencialidades dos corpos, a satisfação de suas necessidades, o desenvolvimento de suas capacidades, o gozo que se pode compartilhar. A riqueza socialmente produzida é a soma dos elementos em circulação capazes de refazer, de alguma forma, pelo menos uma parte dos laços comunitários que foram destruídos pelo desenvolvimento do sistema capitalista, um sistema onde o indivíduo sofreu uma hipertrofia, mas ao mesmo tempo (e por isso mesmo) se encontra mais desamparado do que nunca em função da perda de seu pertencimento simbólico à comunidade humana. Os sujeitos, sob o capitalismo, não se tornaram "menos humanos" do que sob outro modo de produção qualquer. Mas sua confiança cega na relação entre mercadoria, riqueza e valor fez certamente que perdessem a noção do que consiste esta humanidade.

É interessante que, ao se referir à única crença universalmente compartilhada por estes sujeitos desgarrados das formações comunitárias arcaicas, Marx escolha o termo fetichismo, como a "fantasia teológica do universo das mercadorias". Recorro a Slavoj Žižek, outro teórico da fronteira entre o marxismo e a psicanálise, para pensar esta questão:

---

9 Karl Marx, *El Capital* (México, Siglo XXI, 1979), v. I, cap. I, p. 129.

10 Marx, *Grundrise*, apud Rozitchner, "Marx e Freud", cit., p. 123.

> O que se deve ter em mente, aqui, é que "fetichismo" é um termo religioso para designar a idolatria "falsa" (anterior) em contraste com a crença verdadeira (atual): para os judeus, o fetiche é o Bezerro de Ouro; para um partidário do espiritualismo puro, fetichismo designa a superstição "primitiva", o medo de fantasmas e outras aparições espectrais, etc. E a questão, em Marx, é que o universo da mercadoria proporciona o suplemento fetichista necessário à espiritualidade "oficial"; é bem possível que a ideologia "oficial" de nossa sociedade seja o espiritualismo cristão, mas sua base real não é outra senão a idolatria do Bezerro de Ouro, o dinheiro.[11]

De acordo com a leitura que Žižek faz de *O capital*, o fetichismo da mercadoria produz o efeito de uma "insólita espiritualização do corpo-mercadoria"[12] – a presença, "na própria matéria, de um elemento imaterial mas físico, de um cadáver sutil, relativamente independente do tempo e do espaço" em que esta mercadoria efetivamente circula. A espiritualização, a mesma que se perdeu como riqueza circulante nas trocas criativas entre os indivíduos, retorna aderida às mercadorias, como crença necessária para produzir o esquecimento das condições materiais da produção dessas mesmas mercadorias: a morte lenta do corpo do trabalhador, que transferiu seu tempo de vida para a coisa produzida, e o empobrecimento geral de uma sociedade que só consegue "enriquecer" à custa destas vidas expropriadas.

Os indivíduos excepcionais

Agora, podemos voltar a perguntar: o que é que a depressão do Ronaldinho ou o nascimento da Sasha têm a ver com isto?

---

[11] Slavoj Žižek, "O espectro da ideologia" em S. Žižek (org.), *Um mapa da ideologia* (Rio de Janeiro, Contraponto, 1994), p. 7-38.

[12] Ibidem, p. 26.

Minha hipótese é de que as sociedades do espetáculo, que é a forma pós-moderna das sociedades capitalistas[13], tiveram que efetuar um retorno das propriedades do fetiche: dos objetos para os corpos humanos. Ou melhor: para os corpos de *alguns* seres humanos. Se num primeiro momento o fetiche se encarna na mercadoria, objetivando nessas relações de troca as condições subjetivas de sua produção, a circulação imaterial desta forma tecnologicamente superdesenvolvida de mercadorias – as imagens, em sua incorporeidade eletrônica – produz o investimento das mesmas crenças que sustentam o fetiche, sobre a imagem dos indivíduos mais destacados nesta produção de espetáculos.

Não que o fetiche da mercadoria tenha se perdido, absolutamente. Mais do que nunca, assistimos hoje à expansão universal desta "fantasia teológica", contra a qual o islamismo, em suas expressões mais fundamentalistas, representa talvez a única resistência. Mas a crença que sustenta o fetichista – a de que não existe diferença como evidência da falta (para a psicanálise), ou a de que o valor da mercadoria é propriedade transcendental dela mesma, e não efeito da lenta perda de vida humana transferida para os objetos (para o marxismo) – teve que se expandir para abarcar os próprios homens. Ou melhor, (como no caso do Bezerro de Ouro e outras idolatrias desprezadas pelo homem moderno), teve que se expandir até alcançar a imagem humana.

O efeito, como todo sintoma, social ou individual, é sobredeterminado. Por um lado, sofremos continuamente o achatamento de nossa riqueza subjetiva, com o empobrecimento das trocas que somos capazes de efetuar com o outro; empobrecimento que nos deixa ainda mais perplexos na medida em

---

[13] A consagrada expresão *aldeia global* de McLuhan é muito mais que uma metáfora. De fato, é pela globalização da informação, e sobretudo do espetáculo, que retornam, deslocadas, as formações comunitárias, religiosas, rituais etc., de que a sociedade moderna é tão nostálgica.

que, abarrotados de mercadorias, estamos plenamente convencidos de nossa riqueza excepcional. Por outro, a relação necessária entre a produção de espetáculos e o mercado faz com que os sujeitos que se destacam como objetos virtuais do gozo coletivo – e, neste caso, "coletivo" tem o sentido do retorno midiático das formações comunitárias perdidas – sejam imediatamente investidos, pela publicidade (o braço "realista" do entretenimento), com as mesmas propriedades das mercadorias. Eles não apenas propagandeiam algumas mercadorias como passam a se confundir com elas. Como no exemplo de Ronaldinho, "vestem (literalmente) a camisa" dos produtos que são pagos para anunciar, e tornam-se tributários das estratégias de venda daquelas indústrias. Seus salários milionários não são mais interpretados como evidência de seu esforço e talento, mas é sua celebridade agora que se apóia sobre a notícia de um salário milionário.

O dinheiro, mercadoria universal por excelência, produz uma nova metafísica da vida humana: alguns salários são *irrecusáveis*. Portanto, certas ofertas, partindo de multinacionais capazes de concentrar capital suficiente para efetuá-las, selam o destino da vítima, assim como os desígnios de Deus determinaram o sacrifício do filho de Abraão.

O interessante é que elegemos esses indivíduos, cujo destino foi definido pela bolsa de valores do *show-business*, como representantes de nossa liberdade perdida, de nossas dimensões espirituais achatadas, de nossa aura apagada. O que brilha neles, secretamente, seria o trabalho humano capaz de produzir o excedente que a multinacional ofereceu para comprar sua imagem? Certamente, em parte, sim, já que a lógica do fetichismo da mercadoria deslocou-se para o terreno onde circulam as imagens, mas não se alterou fundamentalmente. Quanto sacrifício social foi necessário para produzir, não um excelente jogador de futebol, mas um ídolo de massas, alçado de sua modesta condição de origem para a de um milionário emergente, cuja imagem é rapidamente associada, não apenas aos produtos que é pago para anunciar, mas ao mais-gozar que a posse desses produtos promete?

Evidentemente, as imagens dos ídolos populares, tal como a mercadoria, escondem um segredo; eles também dependem da venda de sua força de trabalho, que é a venda de parcelas de sua vida, ao grande capital da indústria cultural. Eles também se vêem, diariamente, alienados do produto de seu trabalho. Mais ainda, eles se vêem alienados de uma dimensão de sua própria subjetividade, já que a imagem, cujo controle lhes escapa a cada dia, sustenta a ilusão de representar uma verdade a respeito de seu próprio ser. Diferentemente do caso das mercadorias, que só servem de suporte para a mistificação dos homens que as trocam, os vendedores de imagens são presas da própria ilusão que produzem. São, ao mesmo tempo, o fetiche e o fetichista, o ilusionista e o iludido.

Por outro lado, o que se oculta sob o brilho do ídolo de massas – e aqui faz sentido o caso da princesa Diana, que nunca precisou se fazer de garota-propaganda de produto nenhum – é justamente o desejo humano que produz a relação de dominação do ídolo (ou do déspota, ou do rei) sobre a multidão. Se como escreve Marx – mas também Lacan – um homem só se mede, só se reconhece, na relação com outros homens, a imagem (de mim) que o outro me devolve espelhada na imagem dele não me deixa perceber que também ele só se reconhece naquilo que eu lhe devolvo. Eu espero que o outro detenha a chave do enigma de meu desejo, sem perceber que o que ele me devolve é esta mesma dependência em relação a mim. Assim se estruturam as relações de servidão voluntária, calcadas na esperança de que o outro se encarregue da precariedade do sujeito. "Por exemplo", escreve Marx: "um homem só é rei porque outros homens colocam-se numa relação de súditos com ele. E eles, ao contrário, imaginam ser súditos por ele ser rei"[14]. Ao que Slavoj Žižek acrescenta:

> Ser rei é um efeito da rede de relações sociais entre um "rei" e seus "súditos"; mas – aí é que está o desconhecimento fetichista –, para os participantes desse vínculo social, a relação aparece necessariamente de forma inversa: eles acham que são súditos, dando ao rei um tratamento real, porque o rei já é rei em si mesmo, fora da relação com seus súditos, como se a determinação "ser rei" fosse uma propriedade "natural" da pessoa de um rei. Como não recordar aqui a famosa afirmação lacaniana de que um louco que acredita ser rei não é mais louco do que um rei que se acredita rei (...)?[15]

Com a passagem do feudalismo ao capitalismo, e o estabelecimento das sociedades burguesas, o que foi recalcado foram as evidências das novas formas de relação de dominação e servidão. Onde aparentemente estão acontecendo relações entre pessoas livres, "a verdade recalcada – da persistência da dominação e da servidão – emerge num sintoma que subverte a aparência ideológica de igualdade, liberdade e assim por diante. Este sintoma, o ponto de emergência da verdade sobre as relações sociais, são precisamente as "relações sociais entre as coisas"[16].

Os ídolos da sociedade do espetáculo se prestam melhor do que ninguém – melhor, certamente, do que os reis! – a sustentar este *semblant* de liberdade que alimenta o sintoma social. Melhor ainda, prestam-se a funcionar como imagens de sujeitos cujo *ser* está garantido desde sempre, por alguma propriedade inerente a eles, fora da ordem social, fora da circulação

---

[14] Marx, *O capital*, apud S. Žižek, "Como Marx inventou o sintoma?", em *Um mapa da ideologia*, cit., p. 309.

[15] Ibidem, p. 309.

[16] Ibidem, p. 310.

que esta ordem propicia e da dependência mútua própria da condição humana. E fora também, principalmente, das relações de exploração presentes na vida da multidão de fãs, dos sujeitos comuns, expropriados cotidianamente em seu tempo e em seus corpos.

O que "escapou" desta ilusão, no caso do fracasso de Ronaldinho, da morte da princesa, das internações da atriz brasileira, do suicídio de Kurt Cobain, foi justamente a servidão humana oculta pelo brilho da notoriedade. A mesma compartilhada inconscientemente entre os ídolos e a multidão de seus fãs.

2

A VIOLÊNCIA CONSTITUTIVA

TELEVISÃO E VIOLÊNCIA DO IMAGINÁRIO

Maria Rita Kehl

A televisão existe há cinqüenta anos, interferindo em escala planetária nas formas como se organizam a comunicação e os vínculos sociais nas mais diferentes culturas. Desses cinqüenta anos, no mínimo durante os últimos trinta a presença da TV no cotidiano de grande parte da população mundial veio produzindo não apenas novas formas de sociabilidade como também uma série de efeitos sobre a subjetividade contemporânea. Um dos mais graves, a meu ver, é o surgimento de uma nova forma de violência que afeta todas as modalidades do laço social: a violência do imaginário. Não me refiro à violência *representada pelas imagens* televisivas, nem a uma versão imaginária da violência, mas a um modo de violência que é próprio do funcionamento imaginário, e que incide de forma quase hegemônica sobre as culturas em que a televisão tem um lugar muito predominante.

Hoje, podemos dizer que já existe um consenso a respeito do fato de que as modernas sociedades industriais são sociedades muito violentas; há também um consenso de que essa violência não se limita à violência da exclusão social, própria da desigualdade entre classes, cometida por uma parcela dos excluídos que tentam se incluir à força. Para além dessas formas extremas, há uma violência que faz parte do próprio laço social. Por fim, há também um certo consenso de que a influência da televisão é forte nisso, de que a televisão, de alguma forma – eu estou chamando a televisão, mas podemos dizer a produção imaginária da cultura de massas em geral –, tem uma responsabilidade forte na produção da violência.

Mas há muitas controvérsias sobre qual é a relação da imagem com a violência. Há pesquisas que estabelecem uma relação de causa e efeito entre a programação da TV e o comportamento, por exemplo, das crianças que se expõem a essa programação: assim, a criança que assiste seguidamente às séries de desenhos animados em que os personagens se divertem tentando se destruir mutuamente, tenderia a ser mais agressiva em suas relações com o outro. Outras pesquisas desmentem as primeiras e mostram que as crianças que assistem aos desenhos animados não saem por aí destruindo a casa e jogando os irmãozinhos pela janela: elas saberiam distinguir a violência (proibida) da vida real e os divertidos jogos de violência da programação infantil. A relação da criança com a ficção não seria pautada pela lógica do modelo e da imitação. Se fosse assim, nossa sociedade já teria se autodestruído, pois modelos de destruição é o que não falta na TV. No entanto, embora as pesquisas não consigam confirmar a idéia mais simplista de que a criança imita o que ela vê, eu sustentaria a tese de que, nas sociedades regidas pela cultura de massa – a cultura de massa é uma formação predominante na nossa sociedade e, nela, a tirania da imagem é avassaladora –, há, sim, um tipo de violência que *é própria do funcionamento do imaginário em si*. Essa violência do imaginário tem, sim, relações com os padrões de comportamento na vida real, mas não há aí uma relação de causa e efeito. E, mais ainda, a violência do imaginário independe dos *conteúdos* que as imagens da cultura de massas apresentam.

Evidentemente, a qualidade e o conteúdo das imagens fazem alguma diferença, porque a exposição constante de crianças e de todo o público a cenas de violência, a um padrão de respostas violentas para todos os conflitos – que é por excelência o que a filmografia média da cultura norte-americana nos traz, e nos traz em grande parte através da televisão – vai aumentando cada vez mais o nosso limiar de tolerância diante da truculência. Isso não quer dizer que as pessoas saiam imitando a violência; dá-se algo menos mecânico. Com a exposição repetida às representações da violência, tendemos nos habituar e a tolerar cenas que nos horrorizariam há dez anos, há vinte anos. Hoje, assistimos tranqüilamente a cenas que nos fariam sair da sala alguns anos atrás. Essa elevação do padrão de tolerância em relação ao horror me preocupa muito. Vamos nos acostumando à violência, como se fosse a única linguagem eficiente para lidar com a diferença; vamos achando normal que, na ficção, todos os conflitos terminem com a eliminação ou a violação do corpo do outro.

Mas não é o aspecto do aumento de tolerância à violência que eu gostaria de destacar quando falo na violência do imaginário. Vou começar anunciando três premissas sobre as quais pretendo sustentar meu pensamento. A primeira já foi desenvolvida por mim no texto "Imaginário e pensamento", incluído numa coletânea[1] publicada há dez anos. Naquele artigo, eu desenvolvi um argumento que gostaria de retomar aqui: *o funcionamento do imaginário dispensa a necessidade do pensamento.* Não se trata de afirmar que o imaginário proíbe o pensamento. Nem que reprime o pensamento. Ocorre que o tipo de produção de sentido que é próprio das imagens induz o sujeito a um modo de funcionamento psíquico que *prescinde* do pensamento. Brevemente, eu diria que isso ocorre porque o imaginário funciona segundo a lógica da realização dos desejos.

[1] Adauto Novaes (org.), *A rede imaginária* (Companhia das Letras/Secretaria Municipal de Cultura de São Paulo, 1991).

Cada imagem apresentada proporciona ao espectador um microfragmento de gozo – e a cada fragmento de gozo, o pensamento cessa.

Por que o pensamento não acompanha o gozo? O pensamento é um longo rodeio que o ser humano é obrigado a fazer em busca de um objeto de satisfação que se perdeu; é um movimento que tenta reconstituir, pela representação, um substitutivo para esse objeto. Sabemos, desde *A interpretação de sonhos* de Freud, que o desejo não tem que se realizar necessariamente em ato. Pode bastar-lhe a linguagem. Por que um sonho, por exemplo, realiza um desejo? Porque um desejo se realiza quando ele encontra a sua representação. Dizendo de outra maneira: o deslizamento do significante, a cadeia dos significantes que remetem sempre, cada um, a outro significante, estanca temporariamente quando se produz um significado.

A produção de significado proporciona uma espécie de descarga. Em termos freudianos, a descarga de energia psíquica equivale ao prazer: relaxamento da tensão que vinha movendo o trabalho psíquico (no caso, o pensamento) até a produção de um significado. Mas esse relaxamento é provisório. O interessante do pensamento é que ele tem que produzir sempre novas significações porque não temos acesso direto ao Real – o tempo todo o Real nos escapa, o tempo todo temos que re-simbolizar o Real e prosseguir com o deslizamento do significante até produzir um novo significado. "Realizar um desejo" é encontrar uma representação para um desejo que não conhecemos, ao qual nunca temos acesso. Este encontro (ou invenção) da representação é prazeroso porque estanca momentaneamente o trabalho psíquico. O gozo é incompatível com o pensamento porque ele corresponde exatamente ao momento de pausa na premência da atividade psíquica.

Ora, a produção imaginária oferece continuamente representantes para a satisfação do desejo. Diante da TV ligada, isto é, diante de um fluxo contínuo de imagens que nos oferecem o puro gozo, não é necessário pensar. O pensamento é um trabalho, e ninguém agüenta pensar (trabalhar) o tempo todo. Ele só é convocado a operar quando falha a realização de desejos. Então, esta é a primeira premissa: o funcionamento imaginário dispensa o pensamento. Isso não quer dizer que as pessoas parem de pensar para sempre por efeito desse gozo imaginário, mas que, *diante do fluxo de imagens*, paramos de pensar. E quanto mais o fluxo de imagens ocupa espaço na nossa vida real e na nossa vida psíquica, menos é convocado o pensamento.

A segunda premissa é conseqüência da primeira: o funcionamento do imaginário incita a passagens ao ato, pois onde o pensamento não opera, o sujeito, incapaz de simbolizar aquilo que vê, é compelido de certa forma a interferir, a existir *em ato* onde não pode existir enquanto sujeito simbólico. Esse ato sem pensamento, ou seja, um ato que se daria quase que *contra o pensamento*, como reação à angústia causada pelo vazio de pensamento, esse é o ato da superficialidade, esse é o ato da irreflexão. Isso remete ao que a Hannah Arendt desenvolveu em seu livro sobre a "banalidade do mal": para esta pensadora, existe uma relação entre o vazio de pensamento e o mal. Podemos estabelecer uma equivalência entre o que Arendt chama de *mal* e o que eu estou chamando de violência; não é muito difícil aproximar essas duas idéias. A violência do imaginário, própria dessa situação social grave que estamos vivendo, não é muito diferente do que o que a Hannah Arendt tenta conceituar como o mal absoluto. Para ela, o mal absoluto não é o mal produzido com intenções malignas, não é o mal produzido a partir da perversão de alguém, é o mal que vem da superfluidade do ser humano, da ausência de reflexão, da banalização da nossa condição humana. Arendt escreve que o vazio de pensamento é condição suficiente para se produzir alguma coisa parecida com o mal absoluto. É verdade que ela estava tentando entender o totalitarismo, o nazismo – o mal absoluto organizado, e organizado, evidentemente, por cabeças pensantes, e não essa forma caótica do mal que estamos vivendo hoje em dia e que nos assusta muito.

Para nos interrogar a esse respeito, também lanço mão de um artigo de Contardo Calligaris[2], em que o autor relata um crime ocorrido nos Estados Unidos: dois adultos estupraram e mataram um menino de 10 anos. A polícia descobriu que esses adultos eram usuários de um *site* cujo nome é algo como "amigos da perversão infantil" ou "amigos dos corpos das crianças", alguma coisa assim. Através desse *site*, as pessoas se comunicavam e trocavam as suas fantasias de pedofilia. Contardo Calligaris termina apresentando um paradoxo: por um lado, é muito bom viver em uma sociedade em que todas as fantasias podem ser comunicadas e não têm necessariamente que ser recalcadas, uma sociedade em que tudo possa ser dito; por outro, ele gostaria que nessa sociedade as crianças não estivessem ameaçadas. As crianças e também nós, os adultos. Que a liberdade não tivesse necessariamente como conseqüência o estupro e o assassinato.

Antes de mais nada, eu questionaria se é possível existir uma sociedade que incite e demande que tudo tenha expressão e visibilidade, em que todos sejam convocados a dizer e mostrar tudo e que, ao mesmo tempo, não facilite as passagens ao ato. Eu gostaria de propor uma reflexão sobre o artigo de Contardo Calligaris relacionada à idéia da violência do imaginário: qual é a diferença de *registro psíquico* de uma idéia que é expressa apenas como uma idéia, e uma idéia que é expressa como um imperativo de passagem ao ato? A idéia pode ser a mesma. Alguém pode querer confessar ou escrever, publicamente, que sonha estuprar uma criança. Mas qual é a diferença de registro

---

[2] *Folha de S.Paulo*, 15 jun. 2000.

que faz com que num contexto social, numa determinada cultura, essa confissão seja recebida com reações de piedade e ofertas de ajuda espiritual, em outra seja recebida com escândalo e atos repressivos e em outra cultura a exibição pública de um desejo perverso seja entendida como incitação ao ato? Pois bem, esta última é a nossa cultura. A diferença está na cultura, na sociedade, a diferença não está naquilo que estava escrito no *site*. Está numa cultura em que a nossa existência psíquica depende de uma passagem ao ato, e de preferência de uma passagem ao ato *em público*. Onde nós possamos também fazer do nosso corpo, imagem, e imagem para o outro assistir e para o outro fruir.

Depois do terrível episódio de seqüestro dentro do ônibus 174 no Rio de Janeiro, no dia 12 de junho de 2000, que terminou com a morte de uma refém e do criminoso, ouvi muita gente perguntando: "Teria sido a mesma coisa se a televisão não estivesse ali, transmitindo tudo ao vivo?". A dúvida tem razão de ser. É verdade que o seqüestrador, o rapaz que estava tão enlouquecido (drogado ou não, pouco importa) dentro daquele ônibus, era um sobrevivente do massacre da Candelária; ele já vinha, portanto, de condições extremamente violentas. Mas será que a *performance* dele e a do soldado que acabou produzindo o desfecho da desgraça (matando a refém à queima-roupa quando queria atirar no seqüestrador) teriam sido as mesmas se a televisão não estivesse ali, transmitindo toda a tensão por horas a fio?

Ali, no ônibus parado, com o seqüestrador que mostrava a arma e gritava ameaças da janela para as câmeras e para os policiais que cercavam a área, cada um estava representando sua própria cena. Imagem e ato. Como é que o testemunho da sociedade, através da televisão, em vez de funcionar para *coibir* o desfecho violento, funcionou justamente como *permissão* para ele?

A idéia da permissão, no inconsciente, associa-se imediatamente a um imperativo. Se tudo é permitido, tudo é possível – e, se você *pode*, você *deve*. Se você pode expressar que você deseja estuprar uma criancinha e isso não causa escândalo, se não há no senso comum, no consenso produzido pela sociedade, nenhum limite para essa idéia, nenhum discurso forte que a circunscreva como intolerável, a "publicidade" de uma fantasia equivale a um incentivo para sua realização: vá lá e faça, é a sua obrigação, é o mínimo que você pode fazer. Como é que se formaria esse imperativo de passagem ao ato que é decisivo para a violência do imaginário?

O imaginário é o registro psíquico que dá consistência à experiência. É evidente que não se trata de fazer aqui uma fala *contra* o imaginário. Os três registros psíquicos – imaginário, simbólico e real – são três registros indissociáveis. O funcionamento psíquico, na falha de um desses registros, é um funcionamento capenga. Os três registros se articulam, como o tripé que sustenta o sujeito do desejo. O imaginário dá consistência para a experiência, dá corpo para a experiência. Tanto que, tanto em Freud como em Lacan, a fundação do imaginário se dá com a imagem do corpo, com a constituição da imagem do corpo próprio. É quando a criança se identifica com a imagem de seu corpo que começa a se constituir o *eu*; a imagem do corpo proporciona uma precária unidade a este sujeito ainda fragmentado e produz a ilusão de uma identidade, também precária, a partir da identificação da criança, sujeito de uma experiência sem unidade, com esta forma unificada, "perfeita", do corpo no espelho – tomando aqui o "espelho" como metáfora do olhar do Outro, em particular a mãe. É a partir daí que se ancoram todas as seguintes formações imaginárias do sujeito. O imaginário é o que dá consistência à experiência, e é o domínio do corpo. Mas esta imagem do corpo no espelho não sou "eu". A identificação com a imagem é uma forma de alienação, em que a consistência da experiência subjetiva se ancora na imagem do que se é *para o olhar do outro.*

Já o simbólico é fundado exatamente no ponto em que essa imagem já não dá conta do *ser.* É o registro da falta: o registro da morte. O significante vem no lugar da coisa que falta, a palavra, seja ela qual for, sempre vem nos trazer notícia de uma morte, de uma ausência, de uma falta e da própria falta-a-ser do sujeito, que a identificação imaginária não resolve. O conceito psicanalítico de Outro – assim mesmo, com maiúscula, para se diferenciar do outro, nosso semelhante – indica o campo simbólico, que é a própria estrutura da linguagem à qual todos estamos submetidos desde nossa entrada na cultura. O Outro, lugar da linguagem, tesouro dos significantes no dizer de Lacan, antecede nossa existência e nos ultrapassa também. Essa sujeição ao Outro nos faz supor, erroneamente, que o Outro detém um saber sobre nós; sobre nosso desejo, sobre nosso lugar neste mundo, e conseqüentemente sobre o *ser.* E embora o Outro seja um conceito do campo simbólico, ele se encarna para nós, ao longo da vida, em várias figuras (imaginárias) de autoridade e saber: pai e mãe, por exemplo, ou mais tarde professores, autores e o próprio psicanalista. Diante dessas encarnações do Outro, indagamos: quem sou? que faço aqui? qual meu desejo? Mas o Outro não "sabe" nada, ele não se organiza na forma de nenhuma significação. Ele representa apenas nossa possibilidade de falar.

Outra diferença importante entre simbólico e imaginário é que, no registro imaginário, o pai, na sua consistência corporal, representa durante algum tempo para a criança a própria encarnação da lei e do saber do Outro. Portanto, o pai surge ao mesmo tempo como uma figura capaz de barrar o sujeito, capaz de proibir o acesso ilimitado ao corpo da mãe, e como rival, como figura persecutória, de poderes ilimitados. Isso no imaginário. Mas quando o pai pode ser simbolizado neste outro registro onde existe a falta, ou seja, no registro do simbólico, onde nada é completo, ele já não *é* a lei: ele *faz* a lei. Ele traz a lei para a criança, representa a lei. E ele também é um ser de falta.

Isso faz diferença porque o Outro, como mencionei acima, se apresenta à criança encarnado em algumas figuras. Num primeiro momento, o Outro é encarnado na figura da mãe, que adivinha o desejo da criança, que sabe tudo, que conforta – a mãe é representada como um ser todo-poderoso. Num segundo momento, o Outro se encarna na figura desse pai que *é* a lei para a criança, que detém o saber sobre o gozo materno e, por isso mesmo, *barra* a mãe.

Retomo aqui conceitos conhecidos apenas para enfatizar a distinção do Outro no imaginário em relação ao simbólico. Enquanto o Outro está encarnado em figuras de autoridade, de poder, e também de amparo e proteção, está sob o registro predominantemente imaginário, onde não se inscreve a falta. Esse Outro encarnado é sempre persecutório para o sujeito, pois é uma figura que sabe desse sujeito, do seu desejo, que antecipa para o sujeito muito mais do que ele próprio sabe de si. Por isso, instala-se no campo da rivalidade narcísica. Se o Outro está encarnado no corpo da mãe ou do pai, sua presença vem incidir exatamente sobre o corpo da criança – e o corpo é onde se ancora o que Lacan chamaria de sua fortaleza narcísica. Na defesa dessa fortaleza narcísica onde a criança vai se instalar como *eu*, como identidade, brota a agressividade. A agressividade é exatamente a resposta à invasão da fortaleza narcísica pelo Outro e também pelo outro – agora estou me referindo a um outro qualquer, não mais o que encarna a lei (como o pai) ou o que surge como um ser todo-poderoso (como a mãe), mas ao outro que é também semelhante, e que grafamos com "o" minúsculo. A primeira recepção da criança à intrusão de um outro nas cercanias de sua fortaleza narcísica, seja ele um irmão, seja um estranho qualquer, sempre é agressiva, até que o outro possa ser percebido como alguém com quem o sujeito pode se identificar (o que também não se dá sem conflito), como alguém com quem a criança pode estabelecer novos vínculos. Mas a primeira resposta à entrada do outro campo narcísico da criança é uma resposta agressiva.

Nesse funcionamento imaginário, a presença do Outro evoca sempre uma reação paranóica.

Vou dar mais uma volta no parafuso de minha argumentação e propor que, nas sociedades de massa, faz sentido pensar que o Outro está encarnado nessa produção imaginária da qual a televisão é o principal veículo. Isso porque ela é de certa forma onipresente e onisciente, como Deus. Ela pode estar em todos os lares ao mesmo tempo e o tempo todo, como emissora de fragmentos de um grande saber. Atualmente, ela já extrapolou o espaço dos lares: você vai a um restaurante e ela está ligada, você vai para um saguão de aeroporto e ela está ligada, você entra num ônibus para fazer uma viagem e tem uma televisão ligada. Enfim, ela funciona um pouco como a ficção do Grande Irmão do George Orwell, só que não está apenas nos olhando. Também está nos propondo. Não somos nós que estamos sendo vistos por esse Outro, mas ele está nos oferecendo uma produção de visibilidade e de imagens contínua, que funciona para o sujeito como oferta incessante de objetos para o desejo – e, portanto, como *suposição de um saber sobre o nosso desejo.*

É este exatamente o funcionamento da mãe para o bebê, necessário para a sobrevivência do bebê. A mãe oferece objetos de satisfação ao filho, ela supõe saber o que ele quer. Mas também é necessário que tal funcionamento cesse, a determinada altura, para advir daí o tal sujeito do desejo. Esse funcionamento imaginário é o funcionamento mais primário, mais primitivo da relação do sujeito com o Outro. E é nas falhas desse funcionamento que o desejo pode advir e que o objeto de desejo, como objeto que se perdeu na separação da criança em relação à mãe, pode se instalar no inconsciente como um objeto sempre perdido, cuja busca vai motivar o trabalho psíquico do sujeito para o resto da vida.

O que acontece quando o Outro se encarna, imaginariamente, num objeto da cultura? Mais ainda: o que acontece quando o Outro se encarna na produção de imagens da cultura, reconhecida por todos como lugar de saber e de satisfação de desejos? Este Outro tornado para sempre imaginário representa ao mesmo tempo um poder e um saber sobre o sujeito – que então não tem mais que se indagar sobre o desejo, já que esse poder e saber estão dados desde um lugar público. Ao mesmo tempo, o Outro onipresente representa uma rivalidade, uma ameaça, porque é ameaçador que alguém saiba de nós antes de nós, que alguém nos diga quem nós somos, o que nós devemos fazer, antes que tenhamos possibilidade de criar alguma consistência subjetiva através da experiência com o real, dos tropeços e cabeçadas que o real nos faz dar. Além disso, a suposta onisciência do Outro nos dispensa o trabalho do pensamento, trabalho de simbolização de nossos embates com o real. Esperamos que o fluxo contínuo de imagens dê conta deste trabalho. Dispensados da necessidade de pensar e simbolizar, dispensados do trabalho psíquico que nos constitui como sujeitos do desejo, ficamos perigosamente ancorados no *eu* imaginário e submetidos à violência própria das formações imaginárias.

A violência do imaginário deve ser analisada então sob três aspectos. Em primeiro lugar, significação e imagem se confundem: a imagem detém o trabalho psíquico ao produzir algo que se parece com uma significação. É porque os significantes são arbitrários, é porque uma palavra pode nomear alguma coisa, mas não é aquela coisa, é porque uma palavra não é o corpo da coisa, é por tudo isso que as palavras são sempre insuficientes e nós temos sempre que produzir novas palavras, novas metáforas, para mover o pensamento e a nossa relação com o real. Quando uma idéia informe ou um desejo não-formulado encontram uma imagem – assim como, no plano imaginário, o sujeito se identifica com seu corpo e se ilude supondo que, sabendo identificar seu corpo, ele sabe quem ele é –, produz-se o efeito de uma *significação*. Ora, o efeito de significação é o gozo imaginário, pois é onde se produz a descarga da energia livre que circula na cadeia de significantes.

Na significação, a imagem ocupa o lugar do ser (que é, de fato, um lugar vazio); do ponto de vista da constituição subjetiva, se o ser produz uma ilusão de identidade quando o sujeito encontra a sua imagem, o ser se ancora na fortaleza narcísica da imagem do corpo. Instalado aí, o sujeito tem que defender a sua imagem violentamente como a única garantia do seu ser, já que ele não consegue deparar com a falta, ele não pode simbolizar a falta, ele não pode se identificar a partir de um outro tipo de trabalho psíquico; ao mesmo tempo toda a imagem do outro, como um outro ser, o incita e o ameaça. Se o contato com o outro não passa pela reflexão, pela simbolização do outro, há de ser sempre um contato ameaçador e violento.

Então a violência e a agressividade podem se produzir como resposta a essa ameaça que o outro representa, e como tentativa de deter a inquietação trazida pela falta, uma vez que esta encarnação do Outro, na sociedade de massas, numa grande produção imaginária de significados, nos diz o tempo todo que não deve haver falta. A falta se torna ainda mais intolerável.

O segundo aspecto da violência do imaginário é o seguinte: a significação, o encontro com a imagem, barra o movimento do pensamento, ao mesmo tempo em que o registro imaginário propõe uma ancoragem da existência no corpo. Ora, para que o corpo sustente a existência, ele precisa o tempo todo estar em ação; não pode ser um corpo inerte. Vivemos numa sociedade que nos demanda uma atividade contínua, ainda que vazia. Em vez de reflexão, contemplação e dúvida, o sujeito é compelido a agir, respondendo a uma demanda do Outro. Para existir diante desse Outro, para não desaparecer – porque uma imagem desvanece no momento em que ela não está sendo vista –, para comparecer no campo do Outro, ele é compelido a agir. Isso explica não apenas essa compulsão a alcançar os nossos quinze minutos de fama, que já foi prenunciada há quatro décadas por Andy Warhol, mas também a compulsão a existir através do ato violento, porque esse é o ato que também vai chamar o agente da rede imaginária a registrar a nossa existência. Não é um outro ato que faz significado na nossa cultura: basicamente, é o ato violento.

Daí decorre o terceiro aspecto: o imaginário como o lugar dessa encarnação do Outro sem falta – e a publicidade, por exemplo, é uma das vozes desse Outro que sabe sobre o nosso desejo e nos oferece a oportunidade de obturar a falta – faz com que o estatuto do objeto causa do desejo seja intolerável. Quer dizer, a idéia de que temos que constituir esse objeto num campo simbólico, que continua sendo o lugar em que o objeto não se presentifica nem se estabiliza como *coisa*, torna-se intolerável. O campo de circulação de mercadorias passa a ser imaginariamente o lugar do objeto *a*, e a demanda ocupa o lugar do desejo. Só que a demanda é imperativa – o desejo, não. A demanda é imperativa, a demanda é que impõe a violência entre os sujeitos. É quando eu *tenho que ter* isto que você me nega, que a violência se instaura: eu tenho que ter o que você tem, ou eu tenho que obter de você o que eu preciso. É aí que a violência se instaura.

Por último, eu gostaria de articular o que disse até aqui com algumas idéias de Hannah Arendt sobre a banalidade do mal. Para tentar entender de que modo o mal pode ser banal, portanto absoluto, Hannah Arendt recorre a outros filósofos que também se indagaram sobre o que é o pensamento. Dois conceitos nos interessam de perto. Primeiro, o conceito platônico do pensamento como diálogo: mesmo acontecendo no silêncio, no isolamento, na reflexão, mesmo sendo um exercício que se dá de mim para comigo, o pensamento supõe a presença mental do outro. Mas aqui não se trata do Outro e sim do pequeno outro. Pensamos junto com o semelhante. A proposta platônica é que o pensamento se dá num diálogo interno com o outro, ou seja: se dá no contato com a diferença representada pelo outro, que evidencia a falta no sujeito – falta de verdade ou falta de saber – e instaura a dúvida. Digamos que o sujeito que duvida de sua verdade seja o equivalente, na Antiguidade, do sujeito dividido da psicanálise. Evidentemente, Platão e Sócrates não se referiam ao sujeito dividido como hoje pensamos o sujeito da psicanálise, mas eles dizem "eu sou dois quando eu penso". Esse outro, interlocutor do fluxo de palavras do meu pensamento, esse pequeno outro, supõe alguém que esteja no mesmo registro de falta.

Que falta é essa? Falta de ser, falta de verdade? Vamos pensar em falta de verdade – vamos usar essa falta para não ficarmos numa falta por demais abstrata. É porque me falta verdade, é porque me falta consistência, estabilidade para o ser – o meu ou o das coisas – é que eu busco o outro, a quem também falta, para, num diálogo, não numa lição autoritária nem numa submissão ao saber do outro, mas no diálogo com ele, constituir alguma coisa próxima daquilo que falta. Não é com o Outro que se pensa; o Outro é suposto que sabe – com o Outro eu não penso. O Outro me submete – principalmente o Outro na sua consistência imaginária. O Outro simbolizado, que já é um universo marcado pela falta, me permite pensar. Mas não é *com o Outro* que eu penso (este seria o pensamento que tenta responder ao superego), é com o semelhante, é com o pequeno outro.

Segundo essa concepção clássica, o pensamento se dá em um tipo de laço com o outro em que a falta esteja incluída. Esta não é exatamente a sociedade de massas. Não quero dizer que na sociedade de massas não existam formações à margem do grande fluxo de imagens. Mas, na formação típica das sociedades de massa, os sujeitos não se encontram entre si; eles estão juntos diante do Outro, tentando ocupar um lugar diante desse Outro: de preferência um lugar de privilégio, de proteção, abarcado por esse saber do Outro. É onde não há essa submissão ao Outro imaginário que tudo sabe, que o pensamento, o diálogo, acontece.

A outra idéia interessante, que Hannah Arendt vai tomar de Kant, é que o pensamento não é igual à produção do conhecimento. Isto também é interessante, porque talvez diante do Outro nós busquemos o conhecimento. Tanto faz se ligamos a televisão para ver um noticiário, se abrimos uma enciclopédia, se lemos um livro de Freud ou de Lacan: diante de um sujeito suposto saber, nós procuramos sempre o conhecimento. No pensamento não procuramos o conhecimento, procuramos produzir significação. Não necessariamente verdade, mas significação. A falta humana, tomada como falta de verdade, está presente no pensamento. É evidente que cada produção de significação nos permite um pequeno gozo, que é a ilusão de que encontramos uma verdade. Mas é porque essa verdade não é estável – e nas sociedades modernas menos ainda porque a multiplicidade de saberes e de discursos, o contato com a diversidade, tudo isso desestabiliza cada encontro nosso com a suposta verdade – é que o pensamento continua.

Por outro lado, vai dizer ainda Hannah Arendt, o lugar em que o homem está quando pensa é diferente do lugar em que o homem está quando age. O momento do pensamento não é exatamente igual ao momento do agir. É necessária uma certa suspensão da nossa compulsão ao ato para se produzir o pensamento. Uma certa renúncia, tanto a esse gozo que quer produzir imediatamente um efeito de verdade, uma significação, quanto ao ato que produz uma espécie de conforto de existir no corpo – eu existo porque meu corpo age, eu existo porque meu corpo aparece para o outro. Essas duas tendências têm que estar suspensas como condição para o pensamento.

Por fim, o pensamento só existe na linguagem: na linguagem da palavra. O funcionamento imaginário pode dar substância ao pensamento, ele pode dar consistência ao pensamento, mas o pensamento existe na palavra. São três as características da palavra como lugar de instabilidade da verdade. Primeiro, a palavra permite falar sobre a própria palavra. Se eu posso pensar sobre a própria palavra, nenhuma palavra *é*, porque eu sempre posso produzir sobre ela uma outra palavra que pode deslocá-la do lugar onde aparentemente ela era. Ela já é um lugar da incerteza em relação ao ser e à verdade. Segundo, a palavra é capaz de mentir, não é um lugar de garantia de verdade. Mas, terceiro – e isso é o mais importante para a Hannah Arendt –, a palavra é capaz de produzir metáforas, ela é capaz de produzir novos signos, de produzir o começo de alguma coisa que ainda não existia no real. Um pensamento é capaz de dar início a um movimento, a uma formação social, a uma representação que ainda não existia no real. É para isso que a gente pensa, diz Hannah Arendt. Isso é a característica humana que mais dignifica a nossa condição – é ser capaz de começar alguma coisa que não existia antes. Ao mesmo tempo, se o pensamento não busca a verdade, mas busca o sentido, pensar é que dá o sentido à vida. Aí, Arendt vai retomar uma frase do Sócrates que diz "o pensar acompanha o viver". Para ela, uma vida sem pensamento é uma vida sem sentido.

Vamos nos aproximando da idéia de que uma sociedade regida por formações imaginárias torna-se uma sociedade violenta. A violência do imaginário é a resposta à ausência de sentido na nossa vida quando o pensamento é dispensado e quando os nossos únicos lugares de existência são o corpo e o ato. Esta é a violência do imaginário. Hannah Arendt vai dizer que o vazio de pensamento é uma condição que se produz nas sociedades de massas, e é uma das condições das origens do totalitarismo – e eu me pergunto se a prevalência do imaginário, tal como nós a vivemos, não é de certa forma uma condição totalitária. Não que vivamos na mesma condição de um totalitarismo de Estado próprio da Alemanha nazista. Esta não é a única formação totalitária possível. Uma formação totalitária é uma formação em que as significações que participam do laço social estão tão fechadas que não há lugar para se começar algo novo, pois os cidadãos se vêem tão totalmente cercados, congelados e paralisados num discurso de significações estabelecidas que não há brecha para o rompimento desse Outro sem falta. Uma sociedade na qual o imaginário prevalece, em que as formações imaginárias é que elaboram o real – esse real ao qual não temos acesso –, é uma sociedade de certa forma totalitária. Independentemente de qual seja a situação do governo, do Estado, da polícia.

Esta é a paralisia que estamos vivendo hoje, diante, inclusive, das notícias mais chocantes, dos fatos mais escandalosos – que nos incomodam sim, que nos angustiam sim, mas que nos dão a impressão de que não há nada a fazer porque *assim é*. "É o que é" – eis uma formulação própria das formações imaginárias. "Assim é." Nós não estamos mais diante de um vir a ser, nem diante de um mundo em construção ou de um universo instável em que a nossa vontade e nossa ação podem começar algo, dar início a algo, em que o diálogo pode produzir novos significados. Nós estamos diante de um lugar que "é o que é": nenhuma nova informação nos mobiliza a pensar e, principalmente, nenhuma informação funciona para ensejar uma possibilidade de mudança.

Diante disso, toda passagem ao ato é uma passagem de pura destruição. Diante desse muro de significações, desse muro do "é o que é", nada mais podemos fazer a não ser ou existir nele *sendo em ato*, ou destruí-lo de alguma forma violenta, já que não contamos com o pensamento e a reflexão para nos ajudar a modificar nada. A reflexão fica supérflua, e se a reflexão fica supérflua, diz Hannah Arendt, os homens ficam supérfluos. E se os homens ficam supérfluos, a banalidade do mal se instaura. Espero não fazer, com isto, um raciocínio aterrorizante – este é apenas um dos aspectos da sociedade em que nós vivemos, e tenho a impressão de que todas as formas de diálogo e de pensamento não são meras formações reativas e sim estratégias de produção de novos furos nesse Outro, a fim de desestabilizar a sua consistência imaginária.

Por fim, voltando à questão trazida pelo artigo de Contardo Calligaris sobre essa compulsão de "se eu posso dizer, também posso fazer", podemos agora concluir que, em nossa sociedade, a expressão pública de fantasias ditas inconfessáveis, como no exemplo daquele *site* de pedófilos, não tem o estatuto de um registro simbólico de idéias e pensamentos. Elas já vêm na forma de ato, *de imagem em palavra* – algo assim como o que Freud vai dizer sobre o funcionamento das palavras no sonho. Elas já são realização de desejo, mas realização consentida pelo espaço público de uma sociedade que não pede nenhuma renúncia ao gozo. Daí para se passar ao ato não há mais diferença – se você pode, você deve.

Um outro exemplo muito claro disso é o funcionamento das nossas campanhas políticas, porque independentemente do que um político diga, o efeito sobre o eleitor não passa pelo conteúdo das propostas, pela avaliação da qualidade política do que o candidato propõe. A linguagem publicitária se apossou de tal maneira da campanha política que, independentemente do que um político propuser para seu governo, o debate político já funciona segundo a lógica da realização de desejos. O eleitor não vota mais no candidato que expõe algumas idéias razoáveis, que coloca problemas que talvez possam ser resolvidos; o eleitor vai votar no candidato cuja campanha se orientar no sentido de fazê-lo gozar *diante da imagem dele*. No momento mesmo em que a imagem de um candidato se associa a imagens capazes de dar prazer ao eleitor-telespectador, por mais fantasiosas que sejam aquelas imagens, por mais que o candidato minta, ele conquista o eleitor ao fazê-lo *gozar diante das imagens de campanha*, como se aquilo já fosse um desejo realizado, de modo que o eleitor vai votar na esperança de prolongar aquele gozo. Talvez assim se explique também por que, seja qual for o candidato eleito, um mês depois da posse estarão todos decepcionados com ele. Acabada a campanha, acaba o gozo imaginário. Mesmo que uma administração pública se faça acompanhar continuamente de propaganda, a comparação entre aquilo que o governante é capaz de fazer e o que ele prometeu sempre será frustrante para a massa que elegeu, inconscientemente, um objeto de gozo e não um sujeito da ação política.

COMO A VIOLÊNCIA NA TV ALIMENTA A VIOLÊNCIA REAL – DA POLÍCIA

Eugênio Bucci

I

Foi numa quinta-feira, 22 de janeiro de 1987, que Budd Dwyer, 47 anos, secretário da Fazenda da Pensilvânia, nos Estados Unidos, arrancou uma Magnum 357 de um envelope pardo e atirou no céu da própria boca, diante das câmeras de TV. Acusado de receber suborno, o secretário convocara uma coletiva para alegar inocência um dia antes da data em que deveria comparecer ao tribunal para ouvir sua condenação. Na coletiva, protestou contra a cobertura que a imprensa dedicou ao caso e suicidou-se.

Eu me lembro de ver a cena. Minha memória, que não me traia, registrou um detalhe: no instante imediatamente anterior ao disparo, a imagem era congelada. Por algum respeito ao público ou por elegância dos editores dos telejornais que eu vi, o momento da morte de Budd Dwyer não foi ao ar. Os editores talvez tenham avaliado que bastava ir até à fração de segundo anterior ao estampido. Bastaria para que o telespectador recebesse a informação precisa. Embora o secretário tenha se matado sob os holofotes, num ato deliberado, planejado e consciente, o instante derradeiro foi poupado do olhar canibal do público.

• • •

II

Passados dez anos, na madrugada do dia 23 de maio de 1997, uma sexta-feira, o pedreiro Diego José, de 23 anos, teve um final também trágico. Era noite. Diego José praticava um seqüestro e ameaçava sua refém, uma garotinha de dois anos de idade, pressionando uma faca em seu pescoço. No acostamento da rodovia D. Pedro I, a 70 quilômetros de São Paulo, onde fora cercado, procurava se afastar dos policiais andando e recuando a pé, sem rumo. As luzes precárias da câmera, errando de um lado para outro, acentuavam a angústia da situação. De repente, um dos policiais, aproximando-se do criminoso, sacou de uma arma e liquidou-o.

Como o secretário americano, Diego José encontrou seu fim diante das câmeras. Ao contrário dele, porém, não escolhera morrer ali – e, mesmo assim, sua morte foi ao ar. E foi ao ar, e foi ao ar e foi ao ar. A cena foi repetida várias vezes na TV. Na segunda-feira, 26 de maio, mais reprises. O *TJ Brasil*, do SBT, apresentado por Boris Casoy, decidiu fazer uma enquete com os telespectadores. A cada chamada para a pesquisa, uma nova exibição da morte do pedreiro que virou seqüestrador. Os telespectadores eram convidados a dizer, por telefone, se apoiavam ou não o tiro do policial. Resultado: 96% a favor. De novo, várias repetições. Diego José morreu dezenas de vezes na sala de milhões de famílias. Na hora do jantar.

III

Por que é que foi sonegado ao público o instante preciso em que a bala da Magnum perfurava por baixo o crânio do secretário americano? Por que a hora de sua morte esteve além do alcance dos telespectadores? E por que com Diego José se deu o contrário? Por que ele morreu tantas vezes sob o olhar da massa?

A primeira resposta, meio automática, dirá que o secretário era uma autoridade, merecedora de respeito. E que Diego José, um bandidinho pobre, não seria digno da mesma deferência. Trata-se de uma resposta automática e não incorreta: se há uma constante que governa a TV no Brasil, essa constante é o preconceito de classe.

Eu não quero descartar o raciocínio, mas tenho outro palpite, um pouco menos automático. Em primeiro lugar, é preciso ter em conta que ocorreu um relaxamento nos limites do jornalismo e do entretenimento mundial no que diz respeito à violência. A morte real tornou-se um recurso que requer menos cerimônia da parte dos programadores. Fuzilamentos de guerra na África, moribundos de fome, suicidas no Oriente, carnificinas, campos de concentração na Bósnia. A propaganda da Beneton estetiza o sangue na camiseta. A morte é um clipe publicitário, um *must* telejornalístico.

Dentro desse relaxamento global, temos especificidades locais. Claro que nos últimos dez anos a violência se banalizou muito, mas só isso não explica a razão pela qual o tiro que deu fim à vida do pedreiro-seqüestrador na rodovia D. Pedro I foi exibido tantas vezes na TV. Aqui, a massificação da morte não veio apenas atiçar o sadismo covarde da turba que urra em torno da arena de gladiadores-escravos, mas veio para reforçar o nosso medo de morrer pelas mãos dos excluídos. O que é outra conversa. Não é um medo difuso, atemporal, mas um medo historicamente posto: temos medo de ser mortos pelos párias que matamos diariamente. Que matamos de desemprego, de fome, de vergonha. O nosso medo de morrer se converte assim num desejo de matar – não genérico, mas específico. Eu diria que a morte do brasileiro Diego José é um pequeno sinal dessa tendência: ele morreu na TV menos para que ele aparecesse morrendo – e mais para que a polícia aparecesse matando. De preferência, para que ela aparecesse matando sob os aplausos de aprovação.

• • •

IV

Domingo, 18 de fevereiro de 2000. Pouco depois do meio-dia chegam notícias pelo rádio de rebeliões simultâneas pelas cadeias afora. Logo a conta se completa. São 24 presídios amotinados no estado de São Paulo. São 24 ao mesmo tempo, articulados. A TV dá cobertura.

Domingo é dia de Faustão na Globo e de Gugu no SBT. Às moças pneumáticas que rebolam e aos remédios telúricos que se anunciam, vêm somar-se as cenas ao vivo da rebelião. *Hardnews* na matinê. Notícias de auditório, uma contradição em termos. Mas é assim que é. Os dois animadores competem pela imagem mais apavorante. A tropa de choque vai invadir. Fogo no telhado do Belenzinho. É o domingão policial-insurrecional-sensacional.

As tomadas aéreas do presídio, a face tensa dos soldados, os cavalos perfilados fazendo sim com as cabeçorras, os familiares em prantos, as mulheres desmaiando, *flashes* que podem ser matéria-prima de jornalismo misturam-se ao *show* em meio à gritaria das macacas de auditório. Na mistura insana, os *flashes* ganham outra função. Deixam de ser informativos. Tornam-se anabolizantes da indústria do pânico. Montanha-russa do imaginário. Não são fragmentos ao léu, porém. Têm um lugar lógico no mercado de emoções. Correspondem ao desejo de ordem, frêmito, paixão pela ordem. O circo da violência extrema ritualiza o pavor e clama por uma solução de força.

As cenas da rebelião adquirem um andamento trágico. Culminarão um ou dois dias depois com cadáveres, um deles decepado. Mortes de que o público está sedento. Sede de execuções. Sede de polícia, de uma polícia que funcione como um bisturi, extirpando o tumor.

• • •

V

Naquele domingo, Faustão, num acesso abstruso de gravíssima seriedade em meio à metassuruba eclética que comanda, clamava pela "serenidade" e pela "competência" das autoridades. O ministro José Gregori deve ter repensado toda a política.

A polícia precisa ser competente. O que não quer dizer coisa alguma. O ponto é que a polícia precisa recobrar uma imagem competente. Tudo é imagem. Inclusive a competência.

E essa imagem a polícia não tem, embora tivesse matado o pedreiro no acostamento em maio de 1997. Naquele mesmo ano, a imagem da polícia sofrera um trauma profundo. A TV mostrara ao povo uma polícia desastrada. Tudo é imagem. Inclusive a incompetência.

Na primeira semana de abril de 1997, a tropa paulista ganhou o horário nobre, o *Jornal Nacional*, em várias reportagens sucessivas. O escândalo teve início com a exibição de um vídeo que mostrava seus homens espancando, torturando e matando gente indefesa nas imediações da Favela Naval, em Diadema. Como parte do roteiro de atrocidades, o soldado Otávio Lourenço Gambra, o "Rambo", dispara contra o vidro traseiro de um Gol e mata um dos passageiros, Mário José Josino. Dias depois, abusos semelhantes de policiais cariocas apareceram no noticiário. As vítimas, favelados do Rio, eram forçadas a se virar contra um muro, imobilizadas e agredidas.

Os telespectadores manifestaram indignação. Protestos seguiram por fax para emissoras e jornais. A insígnia da Polícia Militar estava suja. Os policiais, que vinham sendo incentivados a aparecer nos programas sensacionalistas em poses truculentas, feito astros de filmes de ação baratos, de repente mostravam sua verdadeira face: não passavam de facínoras patéticos – e letais. A morte do pedreiro-seqüestrador em maio de 1997, um quase sacrifício ritual, não redimiu ninguém.

Existe responsabilidade da TV nisso tudo? Creio que sim. Vamos a uma breve história do mau gosto.

VI

A imagem da polícia valentona ganhou musculatura com o sensacionalismo que cresceu na TV durante a década de 1990.

Em 1991, o *Aqui Agora* estreou no SBT. Era um programa de jornalismo popular – e isso é um mérito, pois fazer jornalismo popular significava romper com o complexo de madame da TV, uma sala de visitas em que pobre nunca foi bem-vindo. Dar voz a assuntos do cotidiano dos trabalhadores poderia sinalizar um avanço no repertório da televisão. O *Aqui Agora*, no início, trouxe até boas coberturas de greves. Infelizmente, entre idas e vindas, o programa descambou para a apelação barata. Chegou a mostrar um suicídio. Foi no dia 5 de julho de 1993, quando a recepcionista Daniele Alves Lopes, de 16 anos, atirou-se do sétimo andar de um prédio no centro de São Paulo. O *Aqui Agora* cedeu ao grotesco, ao bizarro, ao cruel, até sair do ar em 1997.

Depois dele surgiram outros, como o *190 Urgente*, na CNT Gazeta, o *Cidade Alerta*, na Record, e o *Na Rota do Crime*, na Manchete. Voluntariamente ou não, todos tinham em comum a característica de endeusar, com diferentes graus de bajulação, os policiais que se exibissem em poses de truculência. Entre 1996 e 1997, em São Paulo, o secretário da Segurança Pública, José Afonso da Silva, chegou a emitir mais de uma vez ordens verbais ao comando da Polícia Militar para que não fosse permitida a participação dos homens fardados nas atrações sensacionalistas da TV. Ordens inúteis. Eles continuaram fazendo as vezes de atores. De graça.

A atitude servil diante das câmeras, a escravização do policial pelo espetáculo, há de ser a expressão de alguma coisa. É razoável supor que ela expresse o que a corporação acalenta como auto-imagem. E se assim for, é também razoável supor que essa auto-imagem é violenta e que ela encontra ressonância na lógica dos programas sensacionalistas. Eles vieram estabelecer uma parceria viciosa: os policiais ganharam visibilidade entrando no papel de heróis da força bruta; e as câmeras do sensacionalismo ganharam imagens gratuitas correndo atrás das viaturas, ou se alojando dentro delas.

A minha hipótese é de que essa associação espúria, motivada por interesses inconfessáveis, deformou não apenas a imagem do policial, mas também contribuiu para desvirtuar ainda mais a compreensão que ele tem do seu próprio papel. Desconfio que o sensacionalismo policial na televisão contribuiu para o aumento da brutalidade dentro da própria polícia. Ela se julgava adorada à medida que aparecia agindo, ou seja, batendo, prendendo e atirando. Quanto ao telespectador, queria dos programas exatamente isso: brigas, tiros, pancadaria.

Foi então que irrompeu aquele traumático mês de abril de 1997. A máquina de matar apareceu matando o próprio cidadão. A imagem da PM entrou em pane. O sensacionalismo policial na televisão entrou em crise. De que lado ficar?

VII

Um detalhe deve ser anotado. O chamado telejornalismo convencional, como o próprio *Jornal Nacional*, não ficou imune à proliferação do sensacionalismo. Nem poderia ficar. Depois da estréia do *Aqui Agora*, o *Jornal Nacional* passou a fazer concessões à cobertura de crimes violentos, carregando nas tintas das reconstituições de homicídios e seqüestros, usando atores contratados para aumentar a dramaticidade do fato. À sua maneira, o telejornalismo convencional participou e aprofundou a banalização da violência e abriu mais espaços para assuntos policiais. Guardadas as proporções, também entrou na onda.

Quando as cenas de agressão policial contra cidadãos comuns foram ao ar em abril em várias edições do *Jornal Nacional*, começou a ser aberto um vazio insuportável no discurso jornalístico que veio se firmando na TV ao longo dessa década. Os policiais, heróis por definição, estavam se transformando em vilões. O grande vazio estava se abrindo justamente no papel do herói-brucutu, que havia sido forjado para ser ocupado pelos policiais.

Foi por isso que, depois daquele mês de abril, o telejornalismo passou a procurar oportunidades para divulgar atos de heroísmo na polícia. Isso não significa que houvesse um plano para manipular informações no sentido de ajudar a PM. Significa apenas que esse vazio aberto pedia, dentro da lógica do discurso do telejornalismo, que se localizassem e se apresentassem os "bons policiais", os honestos, os valentes, ou ainda os que batem em quem é "bandido mesmo". E essa demanda não se verifica tanto dentro da TV quanto dentro do público. O público pede a identificação de novos heróis.

A morte do pedreiro foi ao ar dentro desse movimento de recuperação do heroísmo fardado. E logo virou poeira.

VIII

Rio de Janeiro, 12 de junho de 2000. A televisão mostra ao vivo o seqüestro de um ônibus circular. Linha 174. A tarde avança. O criminoso põe a cara do lado de fora da janela e grita ameaças. Os policiais espreitam, calculam, miram. Esperam o momento mais propício para agir. Para matar.

Já é noite, ou quase. O ladrão que, depois saberemos, é um sobrevivente do massacre da Candelária, Sandro Nascimento, sai do ônibus com a arma grudada na cabeça de uma refém. A polícia reconhece a oportunidade. Um soldado do Bope, o Batalhão de Operações Especiais, aproxima-se de repente com uma arma grande, uma submetralhadora. Atira. Duas vezes. Erra. Uma das balas raspa o rosto da refém, a professora Geísa

Firmo Gonçalves, de 22 anos. Baleada em seguida também pelo seqüestrador, segundo a perícia, a moça morrerá pouco depois. Capturado, o seqüestrador será asfixiado dentro de um carro da Polícia Militar. Morre em *off.*

O herói fardado é de novo o vilão. O criminoso morrerá nas sombras, longe dos holofotes. A polícia faz o *show* às avessas.

IX

Fevereiro de 2001, parque do Ibirapuera, São Paulo. Na exposição sobre os 50 anos da TV, organizada pela Globo na Oca, revejo num lapso o suicídio de Budd Dwyer. Eu o reconheço. Ele morre outra vez diante dos meus olhos. A exposição, em três andares, dispõe dezenas de telas (centenas), minúsculas ou imensas, indistintamente, e a televisão de cinco décadas faísca desordenadamente por todas elas. Noticiários, novelas, documentários, *shows* de auditórios. Alguém aproveitou os pilares da Oca para ali projetar vídeos de astros da Globo em tamanho natural. Eles posam parados, como que estando à espera de alguém numa fila. Fazem acenos. Sorriem. Chamam a gente para ficar ao lado. Cativante. Numa das telas, Dwyer atira no céu da própria boca. Outra vez, como em 1987. Agora, porém, num fragmento muito rápido, o movimento da imagem prossegue para além do tiro. O secretário cai. E o corte só vem depois.

Terei sido traído pela memória? Será que, há treze anos, essa imagem foi sistematicamente exibida assim e a minha memória, colonizada, providenciou o corte, numa edição respeitosa que fiz para organizar minhas lembranças televisivas? Acredito que não, não fui traído. Os noticiários nacionais, naquele longínquo final da década de 1980, congelavam a cena quando o disparo iria acontecer. Foi isso. Foi isso. A cena que vejo agora na Oca não é a mesma que foi massificada na época.

É que antes a simples menção de que ocorreria o disparo já chocava a audiência. Agora, não mais. No nosso tempo, o tempo que abriga essa exposição da TV, a dose precisa ser mais forte. Por isso, a exposição foi buscar o que houve de mais forte. De mais impactante. A TV explicita o que, na ocasião, escondeu.

Ainda procuramos heróis. Ainda cultuamos as execuções rituais. As doses mais fortes do espetáculo apenas escancaram a nossa sede. Balas perdidas. Comandos perdidos. O *show* da violência é a cara em negativo do nosso desgoverno. O nosso medo é o medo ao vivo e nenhuma força espetacular poderá levar embora essa angústia terminal.

LINHA DIRETA. COM QUEM?

Eugênio Bucci

Conheço esse *Linha Direta* de outras encarnações. Encarnações dele, não minhas (que com estas eu não brinco). *Linha Direta*, na sua fase contemporânea, vai ao ar toda noite de quinta-feira, pela Globo, depois da novela. Baseado na reconstituição de casos policiais não-resolvidos, fisga o telespectador pela compaixão, pelo suspense e pelo ritmo de filme de ação. Ali, servida na tela, está a dor dos que perderam filhos ou irmãos assassinados. Ali, também, está a angústia que todos externam por não saber onde está o criminoso, ou por não ter havido punição. Ali está o enigma.

O programa costura documentário e montagens dramáticas. A parte, por assim dizer, documental da receita com gente de verdade que é entrevistada: testemunhas, parentes, amigos ou conhecidos daqueles que foram assassinados e daqueles que são acusados de homicídios. Há também advogados, promotores, juízes e demais autoridades, algumas francamente entusiasmadas com *Linha Direta*. Quanto melhor essa "apuração jornalística" dos fatos, mais verossimilhança o conteúdo terá. A ação dramática é obtida pelo trabalho de atores em cena para pôr diante das câmeras as atrocidades narradas. Aí está o recurso mais grandiloqüente de *Linha Direta*. O andamento de todos os blocos é dado por essa técnica que, ao longo dos anos 1990, vem tomando cada vez mais espaço nos noticiários nobres como o *Jornal Nacional*: a técnica de encenar os crimes para "dar a ver" o que, na vida real, ninguém filmou. Graças a ela, as reportagens policiais do horário nobre ganharam muitas cores vibrantes, faces ameaçadoras e até fundo musical. Quase como um teleteatro ao ar livre, a reconstituição de chacinas e de emboscadas põe o telespectador face a face com a brutalidade; uma atrocidade que ficaria sensaborona ao ser apenas narrada por um locutor compungido, sem imagens, ganha contornos de um filme de ação ou mais que isso, contornos de que todo aquele horror que se mostra se passou de fato diante das câmeras. O *show* do telejornalismo policial sobe na escala de impacto e de dramaticidade. Em *Linha Direta*, é assim o tempo todo. Funciona. Você mal sabe dizer onde termina o documentário e onde começa a dramatização. Onde termina o mistério e onde começam as suposições. Onde termina a matança e onde começa a justiça.

Mas não avancemos ainda. Eu ia dizendo que conheço esse *Linha Direta* de outras encarnações e, de fato, se voltarmos uma década no tempo nós o encontraremos numa outra fase. Era uma outra vida, um outro país. O apresentador não era o atual, Marcelo Rezende, mas aquele antigo repórter do *Fantástico*, Hélio Costa, que tinha virado político, havia entrado para o PRN, o partido do então presidente da República, Fernando Collor. Meses depois, Costa seria candidato ao governo de Minas Gerais – e perderia. Já naquela época o programa tinha o mesmo receituário, fundindo jornalismo e teatro, mas, acima disso, era pacto de delação o que lhe dava sua marca personalíssima. Se *Linha Direta* pudesse ser sintetizado numa única proposta de vínculo com o telespectador, essa proposta seria o pacto de delação. Hélio Costa incentivava a platéia a mandar denúncias, a contar casos, a dizer se viu pelas redondezas alguns dos personagens que o programa mostrava. E garantia que a identidade do delator seria mantida em rigoroso sigilo. Na época, tive a impressão de que aquela fosse uma proposta imoral.

Atualmente é a mesma coisa. Continuo achando imoral esse tipo de interatividade acusatória. Agora, não apenas o apresentador nos estimula a delatar, como o *site* da Rede Globo oferece o formulário. Você só tem que preencher. O seu anonimato é garantido. Vale a pena reproduzir aqui o texto do *site* da Globo (página de *Linha Direta*):

> Se você tem alguma informação adicional sobre as histórias apresentadas, ou alguma denúncia para fazer, escreva aqui. Sua identidade será mantida em **absoluto sigilo**.
>
> Qual informação o(a) senhor(a) gostaria de passar?
>
> Quem está envolvido? Como o(a) senhor(a) soube?
>
> Quando? Tem alguém que o(a) senhor(a) conhece que nós poderíamos procurar ou investigar?
>
> Gostaria de dar mais alguma informação ou pista?

O que há quase dez anos mais me indignava (publiquei um artigo a respeito na *Folha de S.Paulo*, no dia 13 de maio de 1990) no programa é o que ainda me chama a atenção. Imagino que o núcleo, a alma do programa se encontra precisamente nessa interatividade que promove a delação como forma de integração. Integra-se quem tem algo a delatar. Essa originalíssima interatividade compõe pelo país afora uma grande rede de vigilância, tão vasta quanto o índice do Ibope, que não é nada desprezível (é, ao contrário, bastante expressivo: em agosto, quando escrevo este artigo, o *Linha Direta* vem conseguindo semanalmente mais de 36 pontos). É a partir desse pacto que se organiza sua narrativa entre o documental e o dramatizado, entre o inquérito e a intriga, entre a delegacia e o circo. O desespero de quem não sabe por que ou por quem ou a mando de quem um parente foi fuzilado num beco escuro se converte em incentivo para que cada telespectador encontre ânimo de participar das investigações interrompidas.

A encarnação atual do programa vem sendo elogiada pelas autoridades porque, segundo atestam, ele estaria ajudando a solucionar os crimes que aborda. Uma reportagem da revista *Veja*, publicada em 1º de setembro de 1999, p. 149 (o título da matéria é "Procura-se"), dá conta de que criminosos ou suspeitos foragidos foram localizados e presos. "A produção do programa já contabiliza doze prisões realizadas graças a esse procedimento", lê-se na revista. Na mesma matéria, uma delegada dá seu depoimento sobre a importância da participação do telespectador em duas das capturas: "Se não fosse o programa, eles dificilmente teriam sido encontrados". Não apenas "encontrados", é bom frisar. Pelo menos um deles foi morto depois de ter seu rosto exibido na tela da Globo. Foi Marcos Capeta, autoproclamado "o novo Lampião", que, depois de virar personagem de uma das edições de *Linha Direta*, acabou baleado e morto, segundo as informações, num tiroteio com policiais no interior baiano. A secretária da segurança do Estado, no próprio *Linha Direta*, que reportou a morte de Marcos Capeta, declarou que bandido "não faz carreira longa na Bahia".

Pode-se mesmo, sem exageros, definir *Linha Direta* como uma estratégia policial para arrebanhar colaboradores. Nessa perspectiva, ele é um programa a serviço da polícia – coisa que não faz dele pior ou melhor. Tomemos o fato como nada mais que um fato. E o fato é que *Linha Direta* é uma campanha eficaz de delação. A TV tem vocação para mobilizar seu público em causas que sejam de interesse dessas ou daquelas autoridades. A novela *Explode Coração* serviu de campanha para que se localizassem crianças desaparecidas. Esporadicamente, Xuxa e Renato Aragão, entre outros, conclamam a classe média a doar alimentos e agasalhos para os que passam fome e frio. Há as campanhas de vacinação pela TV, sempre bem-sucedidas.

Os exemplos são vários e constantes; demonstram que a televisão tem a particular capacidade de cimentar cooperações entre o que pretende o poder público (ou simplesmente o poder, público ou não) e a ação voluntária (ou aparentemente voluntária) das massas. Isso, naturalmente, não significa que a televisão deva ser entendida como uma ferramenta de manipulação, um aparelho capaz de moldar comportamentos, nem significa que os telespectadores sejam passivos e cordeiros (é sempre trágico – e equivocado – pensar nesses termos). Isso apenas significa que a televisão tem servido de campo em que os sujeitos se reconhecem entre si como pertencentes a uma unidade (normalmente a pátria, uma torcida, um estilo um tanto etnográfico de ser "brasileiro") e que, diante dela, participar de campanhas mobilizadoras é um modo de constituir-se parte daquele todo. Do modo como foi historicamente construída no Brasil, a TV tornou-se o mais poderoso fator de integração nacional – e desempenhou sua missão por meio das redes comerciais abertas (a Globo na liderança). Quando esse grande modelo de TV se põe a serviço de um programa do tipo de *Linha Direta*, temos a estranha constatação de que a delação pode ser paradoxalmente uma atitude de engajamento cívico.

Mas que tipo de unidade é esta que se baseia na acusação disseminada, anônima, em massa? Seria uma unidade típica do Estado democrático, ou mais afinada com um Estado policial, totalitário? Em certos termos, a segunda alternativa é mais adequada. Um dos modos de distinguirmos o totalitarismo do autoritarismo é levarmos em conta o seguinte: no autoritarismo faz-se necessária a autoridade que a todos comande e oprima; no totalitarismo todos se convertem em agentes do poder. Por isso, no nazismo, pais denunciavam filhos subversivos e filhos acusavam pais suspeitos. Em regimes do tipo nazista ou fascista, a instituição do Estado policial sobrepuja a unidade familiar e a subordina à sua lógica totalitária. Todos, indistintamente, viram agentes do poder. Todos contra todos. Não pretendo aqui pensar que *Linha Direta* seja um programa nazista, o que ele efetivamente não é, mas apenas discuti-lo sob esse aspecto, qual seja, o de que ele se vale de um tipo de vínculo com o público que faz lembrar, ainda que de modo longínquo e indireto, alguns traços do totalitarismo.

Raciocinando no limite, teríamos o seguinte: se o *Linha Direta* fosse um programa diário, com 60% de audiência, o Brasil seria um país de delatores anônimos permanentemente mobilizados. Seríamos um país de agentes policiais. O ponto mais grave, contudo, talvez esteja na garantia do anonimato. Pense comigo o leitor: o que pode fazer alguém que foi injustamente acusado e nem ficou sabendo disso? E alguém que por isso foi detido, investigado e interrogado? Pode ele se queixar contra o autor da denúncia? Como, se esse autor é mantido em sigilo? O que impede alguém de caluniar alguém se, no fim, não será responsabilizado pela acusação que enviou para o *site* da Globo?

A emissora, é claro, não dará curso a todo tipo de delírio que chegue até ela. Pode alegar em sua defesa que faz uma filtragem das delações. Mas, assim mesmo, será correto que ela incentive essa prática entre seus telespectadores, muitos deles desinformados sobre os direitos da cidadania e sobre as normas da boa convivência social? Todos sabemos que, em certas áreas do Brasil, o anonimato muitas vezes é a única forma de garantir o acesso de um cidadão à polícia, pois, se sua identidade for revelada, ele estará exposto a vinganças e retaliações. Mas para esses casos a polícia é a instituição preparada, seus funcionários são formados e treinados para lidar com esses dados dentro da normalidade democrática. (Ao menos em tese, para efeitos da nossa argumentação.) Por isso, todos sabemos também que esse tipo de expediente deve ser mantido sob controle – jamais deve ser massificado. Assim, por maior que seja o número de suspeitos localizados por programas como *Linha Direta*, é sempre bom refletir se tal fim justifica o meio.

A emissora ainda pode argumentar que não põe no ar qualquer caso policial, mas apenas aqueles em que os suspeitos são francamente culpados e que, aí, a adesão de mais agentes de vigilância só irá contribuir. Mesmo assim, não é o que diz o *site* da emissora. Ali, qualquer denúncia é solicitada e bem-vinda. Portanto, é, sim, pertinente um debate ético sobre a validade de alguns recursos utilizados por *Linha Direta.*

Eu assisti a vários programas da nova encarnação. Eles são cada vez mais bem armados, a edição é feérica, magnetiza a audiência, e a narrativa é bastante convincente. Tecnicamente (se é que é possível abstrair a técnica de todo o resto), temos uma televisão de boa qualidade. Tudo isso, toda a técnica e toda a qualidade estão a serviço de arregimentar delatores. O *show* serve para mobilizar os delatores e os delatores servem para reanimar o *show*. De minha parte, pelo menos até agora, prefiro sonhar com um país onde esse tipo de coisa não acontecesse mais. Nem nesta nem nas outras encarnações.

3

A REALIDADE FICCIONAL

NA TV, OS CÂNONES DO JORNALISMO SÃO ANACRÔNICOS

Eugênio Bucci

A ética na comunicação de massa não pode ser pensada a partir das mesmas balizas que nos guiam para discutir a ética na imprensa. O termo imprensa designa a instituição constituída pelos veículos jornalísticos, seus profissionais e seus laços com o público. Refere-se, portanto, ao relato das notícias e ao debate das idéias em jornais, revistas, emissoras de rádio e televisão, além de *sites* da internet. Sua ética deve primar pela busca da verdade factual, da objetividade, da transparência, da independência editorial e do equilíbrio. Já o conceito de "meios de comunicação de massa" traz em si, desde a origem, o embaralhamento sistêmico entre fato e ficção, entre jornalismo e entretenimento, entre interesse público, interesses privados e predileções da esfera íntima. A assim chamada "comunicação de massa", além de modificar para sempre a própria natureza da imprensa, tende a misturar os domínios da arte e do jornalismo num mesmo balaio de imposturas éticas, prontas para o consumo e inimigas da virtude tanto artística (criar em conformidade com a imaginação) quanto jornalística (falar em conformidade com a verdade factual). Minha contribuição ao seminário é a tentativa de debater alguns aspectos dessa desordem e de pensar possíveis vias de sua superação.

Há um jeito fácil, e comum, de lidar com os problemas éticos da chamada comunicação de massa. Esse jeito consiste em dividir os humanos em vilões, normalmente os proprietários dos tais meios, e vítimas, normalmente os outros que não sejam nem os proprietários nem, é claro, nós mesmos. Nós, sobre nós mesmos, e esse nós designa a todos e a cada um, gostamos de pensar que somos sábios, que já conhecemos todas as mentiras, todos os truques, todas as manipulações que os cérebros malignos arquitetam para manter o seu poder e o seu capital intocados. As vítimas são as massas. Esse olhar bastante usual costuma nos levar a resultados tediosos, como a idéia messiânica de que é preciso devolver às massas sua consciência perdida etc. Ou a idéia de que os tais meios são ferramentas neutras (o problema não está na sua natureza, mas no modo como são empregados), cujo uso, sempre instrumental, pode ser "ético" ou "antiético". Supõe-se, a partir daí, que toda a questão seria resolvida de modo mais satisfatório se passássemos a medir as taxas de honestidade – e mesmo de sinceridade – dos donos e dos gerentes da indústria cultural. Fossem eles honestos e sinceros e tudo estaria bem. A ética estaria portanto restrita ao pacto que eles mantêm ou não mantêm com a busca da verdade, com a transparência, com a objetividade e todos sabemos do que mais.

Esse jeito fácil de lidar com o assunto é demagógico. Não no sentido dos gregos, entre os quais a demagogia não designa necessariamente um vício da política, mas uma de suas possibilidades, nem no sentido que Max Weber, no início do século passado, dará à palavra. Para Weber, é bom não esquecermos, o jornalista é o mais destacado representante da demagogia na política, por ser ele quem domina a palavra impressa, aquela por meio da qual a demagogia teria passado a operar seus feitiços, não obrigatoriamente mentirosos. Aqui, porém, o termo demagogia tem uma outra acepção, mais simplória e mais corrente. Refere-se a uma forma de mentira política: quem reduz o mal-estar ético da mídia contemporânea a uma escolha binária entre verdade e mentira simplifica o problema e alimenta a ilusão de que o complexo formado pelos meios de comunicação e pela indústria cultural poderia, desde que conduzido por senhores bem-intencionados, ser compatível com a verdade. E não é. Esse complexo já encerra em si a função de entorpecer a razão. A demagogia dessa crítica é fazer crer que um bom xerife íntegro e franco, tomando conta da *mídia*, daria um jeito na empulhação promovida pelos meios de comunicação. E não dará. Pois a natureza da indústria cultural (conceito aliás que não considero revogado, nem de longe) é incompatível com o projeto da verdade jornalística.

Ou, pelo menos, com a busca da verdade factual, a verdade tal qual ela foi sonhada e projetada pelos ideais do primeiro jornalismo surgido no calor das revoluções burguesas. Esse jornalismo, irmão gêmeo da idéia democrática, floresceu no século das luzes e ganhou substância ao longo do século XIX como a instituição a quem caberia atender ao direito de informação (do público) e dar materialidade à liberdade de expressão (dos cidadãos do público). Acontece que a busca da verdade, virtude ancestral do jornalismo, é simplesmente incompatível com a lógica dos conglomerados comerciais da mídia dos nossos dias. (A *mídia* é aqui entendida como o universo formado pelos meios eletrônicos de prevalência global, cuja linguagem é lastreada na imagem ao vivo ou *online*, no qual entretenimento e relato jornalístico se embaralham de modo sistêmico. Logo trataremos mais disso.) A busca da verdade era um projeto da razão e os conglomerados há muito se divorciaram da razão. Não porque seus gestores sejam pessoas mentirosas, mas pela própria natureza dos conglomerados e da comunicação tiranizada pela imagem. Onde quer que a notícia esteja a serviço do espetáculo, a busca da verdade é apenas um cadáver. Pode até existir, mas, sempre, como um cadáver a serviço do "dom de iludir".

É por isso que, hoje, o telejornalismo no Brasil dificilmente pode ser compreendido como o resultado de um esforço autêntico pela busca da verdade. Há exceções, por certo. Há emissoras de TV pública que desafinam do coro comercial das grandes redes. Há momentos ou coberturas de excelência jornalística mesmo nas redes comerciais – mas não constituem a regra. O negócio do telejornalismo não é o jornalismo. Seu negócio é outro. Seu negócio não é sequer a veiculação de conteúdos. As grandes redes de televisão aberta têm como negócio a atração dos olhares da massa para depois vendê-los aos anunciantes. E esse negócio impõe uma ética estranha à velha ética jornalística. Eventualmente, o telejornalismo pode até se alimentar da busca da verdade, mas não tem aí sua deontologia. Verdade e mentira deixam de ser uma questão central.

Podemos dar logo um exemplo. Onde está a verdade e a mentira num programa como esse *Linha Direta*, da Rede Globo[1]? De um lado, ele é jornalístico – narra fatos empiricamente verificados como reais. É, mais que isso, apresentado e conduzido pela figura de um jornalista, que empresta sua credibilidade ao relato que ali se faz. De outro, ele se vale de recursos vindos do campo da ficção, como os atores que interpretam, nas reconstituições dos crimes, os agentes verdadeiros que ali teriam tomado parte. Pois então: aquilo funciona como uma forma de ficção que se apóia em acontecimentos reais (assimilados e simbolizados em processos criminais) ou aquilo é uma reportagem que, para ganhar mais poder de convencimento e mais "empatia" com o público, faz concessões apenas narrativas às formas ficcionais? *Linha Direta* diz a verdade na linguagem da tragédia de circo ou é um novo formato de en-

[1] Programa exibido pela Rede Globo nas noites de quinta-feira. Ver, a respeito do programa, o ensaio "Linha direta. Com quem?" também publicado nesta coletânea à pagina 117.

tretenimento no qual a verdade factual é apenas um tempero para compor uma mentira maior que esses fragmentos de verdade? *Linha Direta* é uma variante dos *reality shows* cujo objetivo é ajudar a polícia a achar suspeitos e foragidos ou é uma nova modalidade de entretenimento na qual os suspeitos e condenados da vida real, de carne e osso, que podem ser até denunciados anonimamente pelo telespectador, entram como um estimulante para apimentar o divertimento? A resposta é híbrida, como o próprio programa, que é tudo isso e ainda é algo mais.

Eu, se pudesse dizer mais, e acho que posso, diria que aquilo é uma excrescência moral que mistura a ética da ficção da indústria cultural com a ética do jornalismo para cimentar uma identificação de tipo fascista entre o público e o poder encarnado na TV, poder que se vê alçado à condição de um aparelho de Estado policial. Essa identificação passa pela delação anônima e pela interatividade degradada em alcagüetagem. Poder policial, delação, adesão com base em denúncia anônima – fascismo. Num programa desse tipo, o problema da mentira e da verdade é um problema ético menor. O repórter que apresenta o programa não está, rigorosamente, mentindo. O ator que interpreta um assassino ou sua vítima, com fundo musical e cores em alto contraste, também não está mentindo em seu realismo de delegacia. Em relação ao mundo dos fatos, devemos admitir, o programa não conta nenhuma mentira deslavada. No conjunto, porém, constitui uma falsificação. Falsifica a ordem democrática em ordem policial. E isso menos pelos crimes isolados que tematiza, todos factualmente inquestionáveis, e mais por sua forma, pelas energias sociais das quais se nutre.

Linha Direta corresponde às demandas do público, que trafegam no registro do desejo e não no registro da opinião, da vontade ou da razão. Ao desejo do público ele diz que sim –

sim, seremos todos realizados em nosso desejo de vingança, ou de ordem, ou de autoridade. Ao projeto da cidadania ele diz não – a mentira de que a paz social é uma responsabilidade da investigação criminal. A verdade do mercado, tornada critério da indústria cultural, não é outra coisa senão a mentira, porque a negação, do ideal democrático e republicano. Visto de longe, e não em seus detalhes, o estado contemporâneo da indústria cultural ainda é, em seu conjunto, o grande edifício da mentira. Se os meios de comunicação de massa dizem a verdade em pequenos fragmentos factuais da "vida como ela é", eles o fazem para melhor mentir. Não porque alguém os tenha planejado assim, mas porque assim eles são como um modo de produção.

Daí ser preciso criticar sem tréguas o estado contemporâneo da indústria cultural. É preciso criticá-lo de fora – e criticá-lo de fora é criticá-lo segundo uma formulação que não segue os padrões de temporalidade e de espacialidade. Criticá-lo é formular e articular um discurso que lhe desconstrói, instantaneamente, a impostura fundamental: o nexo de entorpecimento que busca travar com o público desejante para suprimir o público pensante. Mas é uma crítica efêmera, que dura o tempo que a ferida leva para se fechar. O espetáculo, quando fecha suas feridas abertas pela crítica, absorve os termos da crítica fazendo deles seu próprio tecido. Mas isso será mais complicado de explicar agora – de sorte que essa afirmação passageira ficará parecendo, pois é bom que pareça, um elogio do terrorismo – desde que um terrorismo do simbólico.

Falando em terrorismo do simbólico, eu, que disse há pouco que havia um jeito fácil e comum de tocar na questão, devo dizer agora que há de haver um outro. Há, com efeito, um outro modo de encarar o assunto – e imagino que é por isso que me convidaram para estar aqui hoje. É um modo mais árido, mais difícil e, por vezes, nos conduz a caminhos tortuosos, com labirintos escuros e pistas falsas. Tem no entanto a vantagem de imaginar perguntas menos psicologizadas e menos infantilizadas. Não se trata de saber se os controladores das grandes redes de televisão agem ou não agem em conformidade com boas motivações, nem de investigar seu "caráter" ou sua índole, mas de buscar compreender de que modo a conformação da *mídia* já cristaliza, em sua simples natureza, padrões que não são apenas tecnológicos, ideológicos, lingüísticos, imaginários, mas também éticos. Vivemos num período cuja ética talvez seja uma ética pelo avesso, uma não-ética tornada *praxis* normativa. O antivalor é o que dá o sentido da virtude, de tal sorte que ambição e agressividade, antes entendidas como paixões menores e viciosas, elevam-se hoje à condição de máximas para a conduta do sujeito. Estamos subordinados a uma "ética" (grafada assim, com aspas) da violência, do lucro, da exclusão e do espetáculo. Aí estão os padrões éticos consagrados na *mídia*.

Agora, a pergunta ética que conta não é aquela que tem por objeto o nível de vigarice de cada um dos indivíduos investidos de algum poder na mídia, ou mesmo do nível de vigarice das chamadas elites ou, se quiserem, das tais classes dominantes (devo dizer, bem a propósito, que a expressão "classes dominantes" eu não sei dizer exatamente o que significa, posto que não sei quantas são essas classes dominantes assim no plural e também não sei dizer quais são elas; conheço apenas uma classe dominante, a burguesia). A pergunta ética que conta é aquela que vai na direção de descobrir a ética – ou a não-ética – que é pressuposto da existência mesma desses indivíduos, ou dessas elites, ou dessas classes "dominantes" e de seu modo de agir.

Se tomarmos por base a ética original do jornalismo para entendermos a comunicação de massa, viveremos uma espécie de "tilt" moral, uma paralisia do pensamento, um vazio onde deveria haver formação da vontade e a ação. O jornalismo, como se sabe, funda-se por um direito político e por uma conquista histórica – a idéia democrática de que todo poder emana do povo e em seu nome é exercido, que derruba, por sua vez, a idéia de que o poder vinha de Deus sobre a figura do monarca sob a coroa, sobre o trono e com o cetro na mão. O jornalismo não é instaurado por mercado nenhum. A idéia de empresa privada não é indispensável para a realização do jornalismo – a garantia do direito à informação e da liberdade de expressão, garantias éticas, morais e jurídicas, é que lhe são essenciais. Pode haver jornalismo sem um mercado predominantemente privado de jornalismo. E pode haver bom jornalismo. A tradição do telejornalismo na Europa era hegemonicamente uma tradição de televisão pública. A BBC, por exemplo, vem de uma sólida tradição de telejornalismo público, não comercial. E, nesse sentido, não é menos que revelador observar que, em relação ao Estado e ao governo, a BBC, em vários episódios dessa guerra movida pelos EUA com o apoio de tropas britânicas contra o Afeganistão, mostrou-se capaz de maior independência editorial que a CNN, uma empresa privada. Lembro o caso porque muitas vezes se diz que a natureza de empresa privada emprestaria ao jornalismo uma condição de independência material em frente ao Estado. Pois bem, isso não pode ser entendido, sobretudo em nossos dias, como verdade absoluta. O jornalismo é uma ética – antes de ser uma técnica ou um ofício de mercado – e é instaurado pela idéia de que o poder emana do povo e de que o público, como conjunto de cidadãos, tem o direito de saber. É porque o poder emana do povo que o povo tem o direito de saber. É por isso que existe o jornalismo como função pública.

O jornalismo põe, assim, uma comunicação voltada para a informação, para a formação e educação do povo para a cidadania, função essa bastante cara aos filósofos do século das luzes, inventores da idéia de opinião pública. O jornalismo é concebido como função mediadora do espaço público, como veículo de argumentos mais ou menos racionais, isto é, que dialoguem entre si a partir dos pressupostos da razão. Assim é que seus valores éticos têm o seu ponto mais alto no compromisso com a verdade, vale dizer, com a busca da verdade, com a honestidade intelectual, com a objetividade. Não se faz bom jornalismo sem a boa-fé – tanto da parte de seus praticantes quanto da parte do público. A sua base é a confiança: não de que a verdade será revelada a todos, mas de que os fatos e as idéias serão objeto da mais honesta procura e do mais transparente relato.

Quanto à objetividade, ela talvez mereça uma breve observação. Não se fala aqui de uma objetividade fria e impessoal, mas de uma objetividade jornalística. O jornalismo, que pode ser entendido como a função humana de narrar a aventura humana para os humanos, tudo isso no calor da hora, ou seja, é sempre um discurso de um sujeito sobre um segundo sujeito (sua fonte ou seu personagem) para um terceiro sujeito, o público. Nele, a objetividade se concebe não como a exata descrição do objeto (não como a fala que decorre do objeto), por mais que o esforço de exatidão aí esteja, sempre. A objetividade jornalística é antes o estabelecimento de padrões comuns de entendimento entre sujeitos (narrador-fonte-personagem-público, todos sujeitos), num processo diuturno; no jornalismo, a objetividade só é pensável como o estabelecimento do campo da intersubjetividade. E, mesmo aí, a objetividade é desejável. Há quem diga que a objetividade é simplesmente impossível e ponto. Do ponto de vista jornalístico, não se pode admitir de um profissional da imprensa um tal grau de resignação. Pode-se falar, sim, de um mínimo de objetividade. E isso se pode falar porque se pode falar de um mínimo de relatos que unifiquem o sentido para os vários sujeitos em relação aos mesmos fatos, idéias ou ações. O jornalismo tem morada numa das funções (razão de ser) da própria língua. Sua objetividade é tão factível quanto aquela da língua. Portanto, o ideal jornalístico, ao menos como projeto, deveria prosseguir como um ideal racional – ainda que, em nossos dias, esse ideal tenha se empobrecido ao ponto mais reles do positivismo.

O ponto é que, como intersubjetividade racional ou como positivismo enrijecido – daquele que afirma ser a mais pura e mais exata e mais impessoal descrição da coisa noticiada, o que não deixa de ser uma impostura –, não importa, a objetividade no jornalismo encontra-se inteiramente esgarçada com o advento dos chamados meios de comunicação de massa. A ética da informação objetiva, baseada na verdade factual, a ética da busca da verdade vê-se diante de graves desafios. Desafios que, a meu ver, não foram sequer enfrentados na maior parte dos casos: foram apenas mascarados, ou pelo capital, diretamente, ou pela demagogia. Quero localizar, aqui, apenas dois aspectos desse processo de esgarçamento da objetividade e da verdade no jornalismo com o advento da comunicação de massa: a produção do público enquanto massa e o entrelaçamento do relato factual às técnicas de ficção, quer dizer, à fusão da reportagem com o entretenimento.

A comunicação jornalística dos séculos XVIII e XIX, não obstante fortemente determinada pela literatura (assim como o próprio espaço público burguês é fortemente influenciado pelos saraus literários), era, acima de tudo, uma expressão do público ou dos cidadãos reunidos em público, uma expressão de sua liberdade de opinião, do seu direito à informação e à emancipação pela educação. À medida que o público se revela ele mesmo mercadoria, passível de ser vendido ao anunciante, o que será decisivo para a transformação do jornalismo em indústria, os meios de comunicação se dedicam mais e mais a ampliar seu público, não mais como cidadãos reunidos, mas cada vez mais como consumidores anônimos, dispersos de si, mas compactados enquanto massa. A imprensa aumenta vertiginosamente suas tiragens, as impressoras se agigantam, as revistas e os jornais falam cada vez mais ao consumo e cada vez menos ao cidadão enquanto sujeito de direito e enquanto sujeito político. Os meios eletrônicos de massa constituem o ponto a partir do qual não haverá mais retorno nesse processo, sobretudo com a vinda da televisão. A imagem, tal como pode ser posta pelo desejo, tiraniza o espaço público. Definitivamente, os olhos do público se tornam mercadorias.

Isso não é uma frase de efeito. Eu fiz uma conta, que publiquei no *Jornal do Brasil*[2], e acredito que seria interessante retomar. Os valores são de abril de 2001. Se tomarmos o *Jornal Nacional* como exemplo, veremos que 30 segundos de intervalo comercial saem por 159.520,00 reais. Se você dividir os 159.520,00 reais pelo público de 25.919.461 pessoas – o número preciso vem da pesquisa Ibope-PNT (Painel Nacional de Televisão) de outubro de 2000 –, chegará ao preço do olhar de um único indivíduo durante 30 segundos: cerca de 0,6 centavo. Parece desprezível, mas não é. Se a nossa unidade de tempo não for um fragmento tão mínimo, mas uma hora inteira, o preço do aluguel de um par de olhos subirá, pela tabela do *Jornal Nacional*, à casa dos 73 centavos. Mais uma operação elementar e eis um resultado interessante: 5,90 reais é o que custa uma jornada de oito horas do seu olhar. O preço do olhar, no Brasil, em valores do *Jornal Nacional*, praticamente empata com o preço da força de trabalho mais básica. Se você dividir um salário mínimo, que é de 180 reais, por 30 dias, chegará a exatos 6 reais. Quase elas por elas.

Prosseguindo com a comparação, notando que o trabalho, diferentemente do olhar, é remunerado, ainda que de modo aviltante. Quanto ao olhar, que a cada dia é mais valioso, vai de graça. Nossa civilização ainda está na era do olhar escravo. Com poucas exceções. Alguns *sites* promovem vários sorteios por dia como forma de "pagar" pelas pupilas dos internautas.

---

2 "Quanto valem os seus olhos?", 22 abr. 2001.

Já se paga, também, pelo aluguel de ouvidos. Desde o ano passado funciona no Rio de Janeiro e em outras cidades brasileiras um orelhão chamado de "fale fácil", que "compra" com impulsos telefônicos a paciência do freguês. Para ter direito a uma chamada de 1 minuto e 40 segundos, o usuário se submete a uma mensagem publicitária de 20 segundos. É o escambo auricular. Fora isso, o olhar vai mesmo de graça.

Notem que esse mercado dos olhos que se faz em detrimento dos donos naturais desses mesmos olhos já é um processo que faz parte dessa estranha ética da comunicação de massa. Posso dizer, portanto, que uma verdade da comunicação de massa é o extrativismo natural do olhar. E que essa verdade constitui uma mentira quando posta no plano dos direitos tal qual a democracia os concebe.

O segundo aspecto que eu gostaria de apontar, depois do aspecto da transformação do público em massa vendável, é o entrelaçamento e depois, de vinte anos para cá, a fusão orgânica do jornalismo com o entretenimento. O jornalismo passa a obedecer, progressivamente, a uma ética de mercado, se me permitem o emprego de tão herética expressão, e trabalha cada vez menos para os direitos e cada vez mais para o consumo e para a extração do olhar (uma atividade extrativista primitiva). Disputa ou, como se diz no comércio, compete com os programas de ficção. A partir de então, quando incorpora expedientes ficcionais, passa a fazê-lo não mais como um requinte estilístico ou como arte, mas como um incremento industrial incontornável, obrigatório. Trata-se de entreter ou morrer – o que digo sem nenhum espírito anedótico. A ética do telejornalismo não é mais presidida pela verdade, mas pelo imperativo de extrair o olhar.

Depois da confusão (entre jornalismo e entretenimento) vem a fusão. Fusão de capital. De vinte anos para cá, as empresas jornalísticas foram engolidas ou se fundiram com as empresas dedicadas até então ao entretenimento. A tendência global se realizou com tal velocidade que não pode mais ser vista como um deslocamento isolado de algumas corporações, mas constitui, claramente, uma alteração estrutural do capitalismo: o negócio do jornalismo fundiu-se com o negócio do entretenimento; o capital jornalístico diluiu-se num outro. A fusão mais emblemática talvez seja a aquisição da Time-Warner pela America Online, no primeiro semestre de 2000. A Time-Warner já vinha ela mesma de ser a fusão entre uma empresa jornalística, a Time, com uma outra do entretenimento (cinema, TV, indústria fonográfica). Ao ser adquirida pela AOL, numa operação que envolveu a soma de 160 bilhões de dólares, criou uma megacorporação avaliada, na época, em 320 bilhões de dólares, que, além de entretenimento e jornalismo, envolve telecomunicações. É mais, muito mais do que o PIB de muitos países somados. Assim, dos jornaizinhos de opinião do século XVIII, a mídia se tornou um dos maiores negócios do planeta.

A pergunta que faço é ingênua: para dar curso ao seu ideal, o jornalismo, que antes tinha de saber ser independente do anunciante e do governo, pode hoje ser independente do patrão – que já não é mais o patrão-jornalista? Pode ser crítico em relação ao entretenimento – não aos conteúdos freqüentemente idiotas da indústria do entretenimento, mas ao próprio negócio do entretenimento? Pode olhar com distanciamento o próprio negócio no qual se insere?

Mais perguntas ingênuas: vocês por acaso têm visto, no Brasil, o telejornalismo falar criticamente dos negócios envolvidos no setor em que ele está? As concessões dos canais, por exemplo. Elas são outorgadas em nome do cidadão. Por que é que o telejornalismo não cumpre seu dever ético de informá-lo sobre isso? Eu respondo, talvez também com alguma ingenuidade: porque a sua natureza de telejornalismo divorciou-se dos ideais de liberdade e de direitos que lhe asseguram, no plano das conquistas políticas, a existência. Quando não atende acima de tudo o direito à informação, o telejornalismo e qualquer outra forma de jornalismo se convertem em usurpadores.

Onde está a mentira, portanto? Na fala do telejornalismo contemporâneo ou no modo como ele está posto? Sem dúvida, a prática da mentira deliberada e continuada é odiosa nos meios de comunicação. Há muitas formas e muitos exemplos disso, como a conduta da Rede Globo durante a campanha eleitoral de 1989. Mas o fundamental, para quem pensa a ética da comunicação e, de modo especial, numa ética possível para o telejornalismo, é compreender o lugar onde a função pública do jornalismo está sendo abrigada ou, em alguns casos, engavetada. E tirar daí, dessa compreensão, as ações necessárias.

Claro, há alguns vilões por aí. Alguns deveriam ser julgados e presos. Mas esse jogo todo não se resolve, como eu disse no início, com a simplificação de acreditar que o mal está na existência de uns poucos tapeadores e de uns muitos tapeados. O espetáculo, como já disse Guy Debord nos anos 1960, é em si mesmo um modo de produção. Com sua ética selvagem. Se há alguma esperteza importante aí, essa esperteza é justamente a capacidade que essa ética tem tido de se ocultar aos nossos olhos e ao nosso pensamento bem-intencionado.

VISIBILIDADE E ESPETÁCULO

Maria Rita Kehl

A onipresença do olho mágico da televisão no centro da vida doméstica dos brasileiros, com o poder (imaginário) de tudo mostrar e tudo ver que os espectadores lhe atribuem, vem provocando curiosas alterações nas relações entre o público e o privado. Durante pelo menos dois séculos, o bom gosto burguês nos ensinou que algumas coisas não se dizem, não se mostram e não se fazem em público. Essas mesmas coisas, até então reservadas ao espaço da privacidade, hoje ocupam o centro da cena televisiva. Não que o bom gosto burguês deva ser tomado como referência indiscutível da ética que regula a vida em qualquer sociedade. Mas a inversão de padrões que pareciam tão convenientemente estabelecidos nos países do Ocidente dá o que pensar. No mínimo, podemos concluir que a burguesia do terceiro milênio já não é a mesma que ditou o bom comportamento dos dois séculos passados. No máximo, supõe-se que os fundamentos do contrato que ordenava a vida social entre os séculos XIX e XX estão profundamente abalados, e já vivemos, sem nos dar conta, em uma sociedade pós-burguesa, num sentido semelhante ao do que chamamos uma sociedade pós-moderna.

Em termos de gosto, de comportamento e sobretudo de valores, a sociedade pós-burguesa em que vivemos seria o quê? Uma sociedade proletária? Não, pelo menos nos termos imaginados por Marx. Uma sociedade de massas? Sim, mas este foi apenas o desdobramento necessário da expansão da cultura burguesa entre as inevitáveis multidões de subalternos que ela mesma produziu. Como denominar a sociedade contemporânea, monopolizada pelo imaginário da televisão e da publicidade, distanciada dos padrões oitocentistas de decoro, cortesia e privacidade? Como classificar uma sociedade comandada pela lógica do capital, cujos membros obedecem a uma ética bizarra que tem como valor supremo a visibilidade?

Sociedade do espetáculo? É possível. Vamos nos basear na hipótese lançada pelo filósofo francês Guy Debord na década de 1960[1], e considerar que a inversão na relação entre o público e o privado que observamos hoje seja conseqüência do fato de, há meio século, estarmos vivendo em uma sociedade regulada majoritariamente não mais pela política ou pela religião, nem pela repressão imposta pelas diversas pedagogias, mas pelo espetáculo. Na sociedade do espetáculo, o impacto midiático dos eventos é tão mais importante do que seu papel na história ou suas conseqüências políticas, que adquire autonomia sobre todos os outros aspectos envolvidos em um acontecimento. Até mesmo o fato de que os acontecimentos são engendrados pelos homens, únicos agentes da história (ainda que não detenham o controle sobre ela), é apagado diante da sua dimensão espetacular.

Assim, a dimensão das estratégias de poder e dominação, presentes em qualquer sociedade, ao mesmo tempo se desloca e se apaga na sociedade do espetáculo. A arena da visibilidade política desloca-se do foro onde os homens negociam e as decisões são tomadas, para o das imagens que parecem mais adequadas ao espetáculo dos telejornais. Essa mesma operação de deslocamento do espaço onde se exerce o poder funciona de

---

[1] Guy Debord, *A sociedade do espetáculo* (Rio de Janeiro, Contraponto, 1997).

modo a apagar suas linhas de força. É que o trabalho, aparentemente informativo, de tudo mostrar – ou seja, de traduzir todas as operações do poder em imagens – esconde justamente aquilo que determina essas operações. Debord chama de "manutenção do segredo generalizado" por detrás do espetáculo, "como complemento decisivo daquilo que ele mostra e, se aprofundarmos mais as coisas, como a sua mais importante operação". Trata-se do ocultamento, não necessariamente proposital, mas central na lógica do espetáculo, de tudo o que não pode ser compreendido na linguagem das imagens, de tudo o que depende do trabalho de simbolização do pensamento e dos discursos. Assim, "o espetáculo organiza com mestria a ignorância do que acontece e, logo em seguida, o esquecimento daquilo que, apesar de tudo, pode tornar-se conhecido".

Na sociedade do espetáculo, em que o espaço da política é substituído pela visibilidade instantânea do *show* e da publicidade, a fama torna-se mais importante do que a cidadania; além disso, a exibição produz mais efeitos sobre o laço social do que a participação ativa dos sujeitos nos assuntos da cidade/sociedade, ou do que a produção de novos discursos capazes de simbolizar o real. À aparente desimportância dos assuntos de interesse público, corresponde um excesso de "publicidade" e de interesse a respeito dos detalhes mais insignificantes, ou mais constrangedores, da vida privada.

Nesse início de um novo milênio, estamos inquietos e intrigados com o sintoma social do sucesso dos *reality shows*. Não apenas os atores, cuja profissão depende da inclusão na cena espetacular – como no caso da série de "Casas dos Artistas" exibida pelo SBT –, mas muitas pessoas ditas "comuns", anônimos extraídos da massa de telespectadores, têm-se candidatado a submeter-se a situações degradantes com o único intuito de ganhar um pouco de notoriedade televisiva. Ficar cinco ou seis semanas detido, junto com um grupo de desconhecidos, num estranho cativeiro de dupla face – fechado sobre si mesmo pelo lado de dentro e inteiramente exposto às câmeras de televisão voltadas para o lado de fora –, já não é a mais humilhante das condições a que se submetem esses sujeitos loucos pela fama.

É verdade que os luxuosos "cativeiros" dos *reality shows* representam uma invasão, ainda que consentida, da privacidade dos cativos. Mas se é consentida, digamos que o exibicionismo dos protagonistas ultrapassa o voyeurismo das câmeras. A imprensa que acompanha o desenvolvimentos desses *shows* sustenta a idéia de que a audiência se sustenta sobre o desejo do público de presenciar escândalos, brigas e cenas de sexo "reais". No entanto os escândalos são escassos, se comparados aos longos períodos em que nada digno de nota acontece. Assistimos a um grupo de jovens geneticamente selecionados a gastar o tempo ocioso em conversas bobas, fofocas, cuidados corporais, picuinhas. O que interessa ao espectador fiel é a esperança de que a exibição, pela televisão, da banalidade de um cotidiano parecido com o seu, ponha em evidência migalhas de brilho e de sentido que sua vida, condenada à domesticidade, não tem. É como se o apagamento da dimensão pública da vida social tivesse um efeito profundo sobre a relação das pessoas com os ideais. Estes não deixam de existir, simbolicamente, na cultura. Mas a lógica do segredo e do esquecimento a que se refere Guy Debord colabora para manter os ideais tão fora do alcance, e sua razão de ser tão distante da compreensão dos homens comuns, que somente o brilho fugaz da "fama" é capaz de compensar a mediocridade da vida cotidiana.

A evidência mais eloqüente de que na sociedade do espetáculo as pessoas preferem contemplar os ideais pelo avesso é que o interesse pela intimidade banal dos participantes desse tipo de *reality show* concorre, em popularidade, com a modalidade das gincanas de horrores, cujos participantes submetem-se a provas em que o que está em jogo é a capacidade de suportar o nojo e a degradação. O vencedor não é selecionado a partir de alguma qualidade ou habilidade que pertença ao rol dos ideais socialmente valorizados. Numa espécie de metaforização da condição do espectador submetido ao lixo televisivo, o vencedor das competições inventadas pelos programadores das redes populares de televisão é aquele capaz de engolir mais lixo e suportar mais humilhações do que seus concorrentes, ou aquele capaz de empregar os recursos mais baixos para eliminá-los. Se a sociedade já não suporta sustentar ideais que lhe parecem inacessíveis, parece um consolo poder observar pessoas capazes de descer a um nível mais baixo do que o do espectador.

Outro exemplo significativo foi a exibição pelo canal Multishow, em novembro de 2003, de *Nem Big, Nem Brother*: uma seleção dos menos piores entre os seis mil vídeos de candidatos que não foram escolhidos para participar da quarta edição do *Big Brother Brasil*. Nos vídeos, os candidatos à casa do BBB sintetizavam, em um ou dois minutos, as razões pelas quais deveriam ser escolhidos para participar do programa. A padronização das imagens, da linguagem e das propostas me fez pensar que ali estava uma importante amostragem do Brasil.

Não era o Brasil das favelas, dos meninos pardos vestidos de calção e havaianas, empinando pipas e levando papelotes de cocaína em vez de ir à escola. Era o Brasil das prestações da casa própria, das salas exíguas mobiliadas com crediário das Casas Bahia, das colchas de chenile e almofadas de cetim cobrindo estreitas camas de casal. O Brasil da "classe C" – esta a classificação das pesquisas de mercado para a classe média baixa. Do Oiapoque ao Chuí, de Curitiba a Belém do Pará, do Pantanal a Governador Valadares, esse Brasil é todo igual; a "classe C" é o grande sucesso da empreitada colonizadora da televisão.

O apresentador procurava inserir comentários engraçados entre os vídeos, mas o efeito do conjunto foi melancólico. Não pela monotonia dos cenários *prêt-à-porter* onde os candidatos escolheram se apresentar; nem pela feiúra normal dos corpos e dos rostos que revelavam barriguinhas, celulites, pernas finas ou grossas demais, bíceps frouxos, pés de galinha, papadas, cabelos "ruins". Afinal, eram corpos tão banais quanto o meu e o seu, leitor. Triste era o esforço vão de glamorizar as salinhas do conjugado, fazer o quarto modesto parecer uma alcova dos prazeres. Tristes eram as tentativas de imitar os corpos siliconados e malhados que se espera dos supostos vencedores da seleção do BBB – que agora tenho certeza de que não é cultural nem ética, é puramente genética.

Os excluídos de *Nem Big, Nem Brother* revelam, na sua crua imperfeição, o padrão estético em que se espelha o Brasil colonizado pela televisão. Quase todas as mulheres se apresentam como "popozudas"; a qualidade precária dos vídeos torna mais constrangedor o fato de que estão, literalmente, oferecendo os traseiros tremelicantes à apreciação do júri. Uma única candidata um pouco mais velha que as outras, gorduchinha, apresentou-se singelamente sentada no sofá, em plano médio, tentando nos convencer de que é boa pessoa. Também foi excluída. Os homens aparecem sem camiseta, exibindo músculos reais ou virtuais enquanto agitam a pélvis num frenesi supostamente sensual. E todos, sem exceção, se dizem boa gente, boa companhia, alegres, de bem com a vida. Ninguém quer um colega complicado na casa do BBB.

E todos sonham *o mesmo* sonho. "Meu sonho é ser famoso(a)." "Ajudem-me a realizar meu sonho." "Sonho aparecer nas capas de revista, na propaganda, na televisão." "Meu sonho" – parecem dizer para a equipe de produção os milhares de derrotados, em coro com os quatorze vencedores – "é o que *vocês* querem que eu sonhe". O sonho, dimensão mais íntima da representação do desejo, também já está formatado pela indústria do espetáculo.

A pobreza dos sonhos de fama dos que se candidataram ao cativeiro de luxo de *Big Brother Brasil* espelha a pobreza dos sonhos do espectador cativo, que espera o espetáculo recomeçar.

Visibilidade política e visibilidade espetacular

A pergunta que tais programas suscitam seria: que lugar tem a visibilidade, no mundo contemporâneo, que leva as pessoas a pagar quase qualquer preço por ela?

Estamos acostumados a acreditar, nós, modernos ocidentais, que a atividade do pensamento é que nos garante a respeito do ser. De fato o esforço cartesiano marcou os séculos que se seguiram ao XVII e fundou uma das correntes dominantes da tradição moderna. Depois de Descartes, a via de acesso à verdade se deslocou da revelação para a prática sistemática da dúvida e da incerteza, e a razão tomou o lugar da fé como faculdade que situa o homem no centro da criação, capaz de conhecer e dominar a natureza em seu proveito, capaz de se afirmar acima de todos os outros seres vivos como o verdadeiro rei dos animais.

Mas, se a capacidade de pensar e duvidar garante algum tipo de acesso à verdade, se o uso da razão distingue a espécie humana de todos os animais, a atividade solitária do pensamento não garante, para *um* homem, sua existência entre seus semelhantes. O pensamento é diálogo interno que inclui necessariamente o outro – o sujeito que pensa precisa, no mínimo, dar lugar a uma voz que conteste, ou duvide, daquilo que lhe parece evidente. Mas o "outro" desse diálogo interior que é a atividade de pensar não é o alicerce da existência individual. Ao contrário: é porque um homem já existe em sociedade e já é capaz de conversar com seus pares, que ele se torna capaz de pensar. É porque o outro considera nossa presença e nos dirige uma palavra divergente, nos apresenta um ponto de vista diferente do nosso, que a dúvida se instaura e convoca a atividade de pensar. Mesmo que o interlocutor mental da atividade de pensar seja a própria voz do *supereu*, esta é uma instância formada na interface entre o individual e o social, entre o campo pulsional e a Lei.

O pensamento talvez seja o selo que distingue a espécie, e a atividade de pensar garante que cada sujeito pensante seja um homem, e não outro animal qualquer. Mas não é o pensamento que distingue, primordialmente, um ser humano do outro. A certeza subjetiva que nos garante, muito precocemente, que "eu sou"[2], não provém da nossa capacidade de pensar, mas da nossa identificação a uma imagem. A imagem corporal. Antes de saber que pensa, o filhote de homem já "sabe" que existe, a partir do olhar que o outro dirige à sua imagem. Não é o pensamento que garante a singularidade do ser; isto é o que nos ensina a filósofa Hannah Arendt, baseada em seu conhecimento da Antiguidade clássica. O que garante o ser, para um sujeito, é sua visibilidade – para outro sujeito.

A afirmação não parece surpreendente para um psicanalista. Freud já supunha a importância do olhar materno para a constituição do corpo narcísico, que vem unificar o corpo autoerótico da criança pequena. Lacan desenvolveu a partir dessa idéia o conceito de estágio do espelho, sugerindo que o olhar deste Outro primordial não apenas devolve ao filhote de ho-

---

2 A assertiva "eu sou" não esclarece *quem* eu sou, nem *o que* sou. Faz-me apenas saber que existo. As outras são certezas que se constroem ao longo de uma vida. Mas a identificação do sujeito consigo mesmo, o reconhecimento de que ele *é este*, apenas este, e não outro qualquer, se constitui precocemente. Só a partir desta certeza, os atributos conquistados e as identificações secundárias adquirem sentido e formam uma unidade razoavelmente coerente.

mem a imagem unificada de seu corpo no tempo presente como inaugura a permanência do mesmo sujeito numa temporalidade futura, projetando a criança na direção de um ideal narcísico sempre por alcançar, sempre além da imperfeição confirmada pela experiência. O Outro em psicanálise é testemunha da visibilidade do sujeito, portanto de sua existência presentificada em uma imagem: à posição do sujeito na imagem, chamamos Eu Ideal. O Outro é também portador imaginário de uma esperança que sustenta o sujeito no fio do tempo: a de que ele estará mais perto do Eu Ideal quanto mais se parecer consigo mesmo. Ou melhor: quanto mais se parecer com aquele que ele supõe que o Outro veja.

O que não fica explicitado na psicanálise lacaniana, mas pode ser deduzido de suas premissas, é que o Outro que atesta nossa visibilidade é uma instância pública vazia de corpo, ou seja, simbólica. Se a mãe é sua primeira encarnação imaginária, é porque é ela quem introduz o recém-nascido no reino da linguagem. Se o pai vem a seguir substituir sua autoridade, é porque ele instaura uma terceira dimensão na relação especular entre criança e mãe, uma espécie de ponto de fuga para fora da dualidade primordial, base de apoio necessária para que a criança possa projetar-se do amor materno para o amor do mundo.

O Outro é uma instância pública, simbólica, todas as figuras que oferecem suporte para sua encarnação imaginária são presenças mediadoras entre a pequenez do sujeito e a imensidão do espaço público, espaço onde se tecem os acordos e se estabelecem as linhas de força que sustentam a vida de uma sociedade. Neste espaço, algumas pessoas se destacam como portadoras de discursos capazes de oferecer, ainda que provisoriamente, sustentação para o laço social. Assim os professores, as autoridades, os que portam poderes e/ou saberes encarnam o Outro para o sujeito. Diante dessas figuras (entre as quais se pode incluir o analista), no espaço de ligação entre o público e o privado, na fronteira entre a vida íntima e o poder, o sujeito é tentado a "aparecer", exibir o brilho fálico da imagem, que atesta: "eu sou" (porque o Outro me vê).

Eis o que não fica explicitado na psicanálise, mas pode ser compreendido em seu corpo teórico: o Outro é sempre, do ponto de vista do sujeito, uma instância de poder, se entendermos por poder aquilo que costura o espaço público, determina lugares, ordena as relações entre os homens. O Outro é, para o sujeito, uma instância que antecede, determina e ultrapassa sua insignificância individual.

Existir é, antes de mais nada, apresentar a própria imagem para o Outro. O que equivale a dizer, para um adulto que já tenha ultrapassado as fronteiras dos complexos familiares, que existir é apresentar a própria imagem no espaço público. É no espaço público que o sujeito atesta que sua existência faz alguma diferença. Assim sendo, já não se trata de apenas exibir uma bela figura para deleite do Outro, como um dia a criança se ofereceu à contemplação apaixonada da mãe. Se o espaço público é onde se estabelecem – e onde se desestabilizam – as relações de poder, ele não se constrói com belas imagens, mas com a imagem dos homens *em ação*. A visibilidade dos homens no espaço público depende da ação. No caso (seguindo ainda o pensamento de Hannah Arendt[3]), trata-se da *ação política*. Aqui é necessário inserir um vetor ético: a visibilidade no espaço público implica que os sujeitos se responsabilizem pelos efeitos de seus atos na vida da *pólis*.

Conceitos como estes – o espaço público (a pólis) e a visibilidade do sujeito na ação política – operam com muito mais

---

[3] Ver, sobretudo, *The human condition* (Chicago, The University of Chicago Press, 1958). Mas também, de Hannah Arendt, "O que é liberdade?" em *Entre o passado e o futuro* (São Paulo, Perspectiva, 1976).

clareza no seio das democracias clássicas, sobretudo a democracia ateniense, onde se originaram. A ação (política), indissociável do discurso, revela seu agente, que ganha existência (pública) a partir dela. Arendt refere-se à "teia" de relações humanas onde cada homem se insere a seu modo, e afirma que "a revelação da identidade através do discurso e o estabelecimento de um novo início pela ação incidem sobre uma teia já existente e nela imprimem suas conseqüências imediatas"[4].

Em uma democracia constituída apenas por um número limitado de cidadãos, cujo estatuto era garantido pelo fato de serem proprietários – sabemos que na Grécia as mulheres e os escravos, destituídos de propriedades, eram excluídos da ação política – parece mais evidente que a participação nos assuntos da pólis garanta a visibilidade individual. Parece mais fácil detectar responsabilidade de cada sujeito diante das conseqüências de sua ação.

Mas se estes conceitos hoje ainda fazem sentido, se a "teia de relações" onde o sujeito se situa e que se modifica a partir de sua ação pode ser traduzida nos termos do Outro da psicanálise, ainda assim são necessárias algumas mediações para passarmos da Antiguidade clássica às modernas sociedades de massa, e destas às (pós-modernas) sociedades do espetáculo.

Conservemos as duas idéias fundamentais de Hannah Arendt: existir é fazer-se visível no espaço público, e fazer-se visível depende da conjugação entre discurso e ação. É mais ou menos fácil imaginar como isto se dava no fórum de cidadãos da democracia ateniense. Mas onde se constitui o espaço público numa sociedade moderna? Que ações relevantes estão ao alcance do homem comum, de modo que sua existência se inscreva no campo do Outro e o salve da insignificância de "nada" ser (publicamente)? Na modernidade, escreveu Michel

---

[4] H. Arendt, *The human condition*, cit., p. 186.

Foucault[5], é comum que aquilo que costumamos considerar como o cumprimento de um "destino" só se revele quando um sujeito se encontra com o poder. É no confronto – ou na colaboração – com o poder que uma vida adquire o direito de ser contada, gerar sua pequena lenda e passar a fazer diferença entre outras vidas comuns. Na modernidade, e de modo particularmente dramático nas sociedades de massa, o sujeito desgarrado de referências comunitárias, de um lugar seguro conferido pela tradição, de um reconhecimento pessoal entre o pequeno grupo de pessoas que o viram nascer e crescer, corre permanentemente o risco de viver a vida toda sem ser "ninguém".

Qual a visibilidade possível, que ação é demandada (ou concedida) ao sujeito das modernas sociedades de massa para que ele possa saber que *existe para o Outro*? "Grandes números de indivíduos agrupados em uma multidão desenvolvem uma inclinação quase irresistível em direção ao despotismo", escreve Hannah Arendt[6], esta pensadora não freudiana que com tanta freqüência nos faz lembrar das idéias de Freud[7]. Pois não é esta a direção da análise que o criador da psicanálise desenvolve a respeito da relação da massa com o líder? Tendência ao conformismo, behaviorismo e automatismo no trato com os negócios humanos, escreve Arendt. Tendência a abdicar do julgamento individual e seguir cegamente o líder, escreve Freud. A anulação das diferenças entre os homens e a supressão das relações horizontais em favor da identificação com os ideais representados pelo líder – seja ele um *kaiser*, seja um ídolo *pop*, categoria que Freud não chegou a conhecer – podem nos esclarecer a respeito dos destinos da visibilidade do sujeito na massa.

---

5 Michel Foucault, "Vidas infames", em *O que é um autor?* (Lisboa, Passagens, 1992).

6 Em *The human condition*, cit., p. 43.

7 Ver S. Freud, "Psicologia das massas e análise do eu", em *Obras completas* (Madri, Biblioteca Nueva, 1973), v. III, p. 2563-610.

O mecanismo em jogo, nesse caso, é o da identificação. Já se tornou lugar comum dizer que, no anonimato da vida nas grandes cidades, o sujeito está absolutamente sozinho no meio da multidão. Fora do espaço doméstico e das relações de camaradagem eventualmente desenvolvidas no ambiente de trabalho, ele não tem visibilidade alguma. Não é ninguém. Quem vai contar sua história depois que ele morrer? Quem vai se encarregar de incluir sua passagem pelo reino desse mundo entre as narrativas que, em outras épocas, davam sentido à vida de uma comunidade, de uma pequena aldeia[8] ou de uma sociedade de corte? O álbum de fotos da família é a única chance de perpetuação de sua memória, pelo menos entre aqueles que conviveram com ele e puderem se lembrar: "este aqui é o tio fulano...".

A insignificância pública dos homens na sociedade de massas é compensada pelo mecanismo de identificação com a imagem de um líder, uma figura de projeção que represente ao mesmo tempo encarnação dos ideais e ideal de visibilidade.

O sujeito não se torna mais visível ao participar da massa – pelo contrário –, mas compensa sua invisibilidade identificando-se com a imagem do líder ou do ídolo. O gozo fálico presente no ato de fazer-se visível é obtido vicariamente, através da imagem do Outro que o sujeito, por identificação, assume como sendo (também) sua. O espaço público neste caso deixa de ser o espaço das negociações horizontais, das trocas de idéias, das composições de discursos coletivos, para se tornar espaço de adesão à palavra do líder. Ainda assim, a dimensão pública e a dimensão dos ideais estão preservadas – com as devidas ressalvas.

---

[8] Sobre a função da narrativa nas sociedades tradicionais, ver Walter Benjamin, "O narrador – considerações sobre a obra de Nikolai Leskov" (1936) em *Magia e técnica, arte e política* (São Paulo, Brasiliense, 1996, trad. de Sérgio Paulo Rouanet).

O que se perde, entre a horizontalidade das trocas e negociações efetuadas no espaço público da democracia clássica e a verticalidade da adesão ao líder de massas, são as particularidades, as diferenças de interesses e de discursos que se fazem representar no foro dos cidadãos da pólis, mas não na relação da multidão com seu líder. De alguma forma, no segundo caso, a palavra já está perdendo parte de seu potencial dialético. É que a palavra de um líder de massas, para atingir igualmente a todos os diferentes membros de uma multidão *como se eles fossem uma pessoa só*, precisa eliminar toda a ambigüidade, todas as incertezas, todas as mediações e as relativizações que seriam necessárias para se construir um discurso que dê conta de simbolizar algum aspecto do real. A palavra com que o líder convoca a adesão da massa *tem efeito de imagem*; o que se constrói a partir dela, em contraposição à palavra inserida numa comunicação dialógica, é uma "imaginarização" do Real. A palavra do líder é antes meio de gozo para a massa do que construção simbólica capaz de barrar o gozo. Como no discurso publicitário, destinado a transformar o desejo de milhares ou milhões de pessoas em uma mesma motivação banal – compre *x* e você estará satisfeito – a palavra do líder de massas tem que *produzir o efeito de uma* imagem mais vazia possível a fim de propiciar o maior número de identificações. Como no discurso publicitário, o apelo do líder de massas dirige-se a um sujeito genérico, que é "igual" a todos e não é ninguém. Cada destinatário dessa palavra-imagem aliena-se no discurso do líder e desaparece como sujeito. A igualdade faria de todos UM, mas o sujeito fica alienado, oculto nesta operação; nesse aspecto, fica nítida a diferença entre o discurso político e o discurso analítico.

Mas esta condição do sujeito na massa ainda é diferente da do sujeito na sociedade do espetáculo. O sujeito da ação política nas democracias, ainda que nas democracias de massa, não age em nome de sua singularidade – coisa que talvez ele nem mesmo reconheça –, mas age com a maioria, em nome de uma mínima representatividade comum. O caráter contratual da ação política não permite que a democracia de massas se reduza à identificação imaginária dos homens com o líder. Bem ou mal, o sujeito que a participação política convoca, mesmo nas manifestações de massa, não é inteiramente aniquilado pela identificação da multidão com a imagem do líder. Algo tem que se passar na outra via, que vai do líder à multidão: no mínimo, deve se produzir uma palavra representativa dos anseios da maioria.

Da identificação à identidade: o avesso dos ideais

A sociedade do espetáculo é ainda a sociedade de massas em seu estágio mais avançado. A expansão da televisão, tanto tecnológica quanto econômica, como mais avançado *meio de comunicação* e difusão de imagens, e sua inevitável associação com a lógica da acumulação de capital – com ênfase, sobretudo, na publicidade – foram desenvolvendo aos poucos um espaço de visibilidade paralelo ao da arena política, a um só tempo seu concorrente no estabelecimento das linhas de força do poder e autônomo em relação à política tradicional.

Assim, como escreve Eugênio Bucci em freqüentes artigos para a *Folha de S.Paulo* e o *Jornal do Brasil*, a televisão substituiu o espaço público pelo espaço virtual do espetáculo. Ora, o destino do espetáculo, tradicionalmente, era a catarse e o entretenimento das massas. Não há nada que obrigue o espetáculo a ser fiel à realidade social, embora mesmo a eficiência da ficção em conquistar a fantasia das multidões dependa de sua capacidade de incluir elementos relevantes da vida social em seu universo imaginário. Mas há uma diferença importante entre o papel desempenhado pelo espetáculo na consolidação do laço social em qualquer sociedade, e uma sociedade que se constitui fundamentalmente segundo a lógica do espetáculo, representada acima de tudo pela televisão. A substituição do espaço público pelo espaço da visibilidade televisiva, cujo poder de transmissão de imagens vem abarcando parcelas cada vez mais amplas da vida, consolidou uma espécie de *ficção totalitária* que articula jornalismo, entretenimento e publicidade numa mesma seqüência ininterrupta de imagens, regidas pelas leis da concorrência comercial entre os canais de televisão, e não pelas características do objeto que essas imagens buscam representar.

Assim, todo evento que se faça representar na linguagem da televisão, independente de sua complexidade, independente da história que determinou sua emergência, independente das relações entre os homens que se ocultem sob sua aparição presente, deve ser traduzido na mesma linguagem e obedecer às mesmas leis. São regras de rapidez e fluidez, destinadas a manter a atenção do espectador e impedir que ele mude para o canal concorrente. São regras que dizem respeito ao aspecto de *novidade* permanente que todos os acontecimentos devem portar, a mesma novidade que determina o discurso publicitário, apagando a história e reduzindo o tempo a um perpétuo presente de onde são banidos todos os sinais do passado capazes de nos fazer lembrar a ação e o trabalho dos homens ocultos pela imagem espetacular. Se o leitor julgou reconhecer, nas definições acima, o conceito marxista do fetiche da mercadoria, não estará enganado. Na sociedade do espetáculo toda imagem, mesmo a imagem jornalística, mesmo a informação mais essencial para a sociedade, tem o caráter de mercadoria, e todo acontecimento se reduz à dimensão do *aparecimento*. O imperativo da novidade, ao apagar a história dos acontecimentos e os jogos de força e de interesse que os determinam, não produz o novo: produz a repetição renovada do mesmo. Este o sentido da ficção totalitária na qual o sujeito está condenado a se reconhecer, ou reconhecer a "teia de relações" sociais onde está inserido.

Se a lógica da difusão da imagem espetacular é a mesma da expansão do capital, ela já não opera com as mesmas linhas de força que determinam a relação entre o líder e a massa. Esta última é uma relação pautada pelos ideais. Ainda que sua eficiência dependa da alienação dos membros da massa, que delegam ao líder a tarefa de realizar, ou pelo menos representar, os ideais que eles individualmente não se sentem capazes de sustentar. Ainda que esses ideais possam se apresentar sob as versões mais sinistras, como nos casos dos anseios de "pureza" e "beleza" contidos no ideário nazista, ou do uso do nome de Deus e seus desígnios para justificar as guerras étnicas e religiosas da atualidade. Ainda assim, na composição tradicional da relação da massa com o líder, algum significante da ordem de um "bem supremo" ergue-se um pouco acima dos interesses mesquinhos e do mero circuito da satisfação pulsional – muito embora, com freqüência, o tal "bem supremo" não passe de um pretexto de aparência sublime para a pura e simples satisfação pulsional das massas.

Na sociedade do espetáculo, a dimensão dos ideais é dispensada a favor da dimensão do consumo. Se a lógica que rege o espetáculo é a mesma da acumulação do capital e da circulação de mercadorias, sua eficiência não depende do pretexto de nenhum ideal. Ela opera *diretamente* sobre o circuito da satisfação pulsional, convocando os sujeitos a gozar, nem nenhuma justificativa moral, dos objetos que se apresentam no mercado como capazes de atender, não à realização (simbólica) dos desejos, mas à satisfação das necessidades.

Apresentados como objetos de gozo, a partir de um discurso que se assemelha ao das formações do inconsciente – onde não existem a negação e a morte, não existem as restrições impostas pelo tempo ou pelo outro –, os objetos e imagens da sociedade do espetáculo vão sendo costurados em uma horizontalidade absoluta, sem necessidade de nenhum significante que se destaque de um lugar diferenciado – como o lugar do pai, portador dos ideais, ou do líder capaz de produzir uma imagem para a identificação dos membros da massa. Por esta mesma razão, os objetos e imagens da sociedade do espetáculo convocam o sujeito a aparecer enquanto consumidor: sua visibilidade é reconhecida no ato do consumo, e não na ação política, e para isso a publicidade tem que trabalhar não com os ideais, mas com o seu avesso. A cobiça, a luxúria, a ostentação, a inveja, a gula e a preguiça, entre outros "pecados" equivalentes à satisfação de nossos "baixos instintos", são invocados subrepticiamente, quando não nomeados de forma irônica, como componentes do cânone normatizante do consumidor.

Na sociedade do espetáculo que, como o leitor já percebeu, é a própria sociedade de consumo, o mecanismo que garante ao sujeito a visibilidade necessária para que ele exista socialmente (no campo do Outro) já não é o da identificação (com o líder). Na horizontalidade da circulação das imagens/mercadorias, o mecanismo das *identificações* é substituído pela tentativa de produção de *identidades*. Já não é mais com a imagem do Outro que o sujeito tenta se identificar, mas com uma espécie de imagem de si mesmo apresentada pela televisão como uma *imagem corporal*. Se a publicidade, a telenovela, o jornalismo/espetáculo e o cinema de massas dirigem-se permanentemente a um sujeito que deve ser "todo mundo" e não é particularmente ninguém; se a imagem capaz de convocar a multidão de homens genéricos é a imagem mais abrangente, e portanto mais vazia possível; se o gozo dessa imagem vazia é elevado à condição de experiência subjetiva (e de experiência estética) para os sujeitos da sociedade do espetáculo; se, finalmente, a eficácia dessa experiência depende do apagamento de todas as outras dimensões da vida que não caibam no puro tempo presente do acontecimento como *aparecimento*; então, só a imagem do corpo próprio – tornado o mais parecido possível com um corpo Outro, sem história, sem sofrimento e sem falhas – pode servir de suporte para a construção de uma ilusão de identidade para os sujeitos da sociedade do espetáculo. Observem que eu escrevi: uma *ilusão* de identidade. A identidade do sujeito com a imagem suposta no olhar do Outro – ou seja, a realização do Eu Ideal – é impossível. Assim como o apagamento absoluto das diferenças: quando o sujeito supõe dominar a imagem que o Outro espera dele, ele o supõe desde seu fantasma – e, neste ponto, não pode escapar da singularidade.

No caso da sociedade do espetáculo, a visibilidade não se constrói na ação política (como na Antiguidade), nem pela delegação que os sujeitos concedem ao líder ou ídolo que melhor represente o conjunto de seus ideais (como nas sociedades de massa). A visibilidade, aqui, depende exclusivamente da aparição da imagem corporal no campo do Outro, imaginariamente representado pela televisão. É claro que isto não significa que a televisão possa dar visibilidade a todos os membros da sociedade do espetáculo, e sim que ela represente a *esperança de visibilidade* para onde os sujeitos dirigem, ainda que inconscientemente, suas escolhas de vida. O espetáculo demanda o que o sujeito deveria ser para participar dele; ele fornece uma imagem, que se transforma em ideal, para os sujeitos. Mas este ideal-imagem, onipresente no império do espetáculo – onde o sol nunca se põe... –, não tem autoria aparente. É pura *presentificação*. Insisto ainda uma vez na diferença entre o laço social que rege a "clássica" sociedade de massas e o que se produz na sociedade do espetáculo: nesta, nenhum líder é responsável pelo ideal presentificado na imagem, ao qual os sujeitos se sentem impelidos a corresponder. O caráter totalitário desta sujeição à imagem consiste justamente na ausência de um líder que ofereça seu corpo e sua palavra como referência organizadora de discurso; o discurso onipresente da televisão, que está em toda a parte, aparentemente não é de responsabilidade de *ninguém*. Parece tão inquestionável quanto a voz de Deus. De fato, a hipervisibilidade da sociedade do espetáculo funciona para ocultar com muita eficácia e distanciar ainda mais do homem comum os mecanismos do poder.

Se a televisão ocupa hoje a esfera pública, o espaço privilegiado do encontro virtual entre os membros da sociedade do espetáculo é o espaço onde ela impera: o espaço doméstico. Paradoxalmente, o império da televisão é o reino da invisibilidade, retirado do espaço (público) onde se tece a teia das relações de poder que determinam, para cada um, seu lugar, sua história e sua importância nesta vida. A privacidade doméstica é o reino onde deveria imperar, feliz, o sujeito consumidor da publicidade, cercado das comodidades e das engenhocas que ele supostamente deveria ser capaz de comprar – mas na estrita privacidade, ele praticamente não existe. A televisão é a grande mediadora entre estes dois espaços, uma mediadora tão poderosa que chega a abarcar a cena pública que a princípio deveria simplesmente transmitir.

Os *reality shows*, a adesão dos espectadores às cenas da banalidade cotidiana representadas pelas diversas "casas" de artistas ou de anônimos, as gincanas em que os concorrentes disputam para mostrar quem vai mais longe na direção oposta à dos ideais são o sintoma do sofrimento do sujeito contemporâneo, que perdeu a dimensão pública de seus atos e de sua existência e tenta substituí-la pela dimensão espetacular, do *aparecimento* de sua imagem corporal. Tanto do lado de quem participa, e paga qualquer preço para *aparecer* num programa de televisão, como do lado de quem assiste, buscando uma identidade entre a banalidade da vida na tela e a banalidade de sua própria vida – identidade entre a imagem dos corpos exibidos na tela e a imagem de seu próprio corpo –, manifestam-se os sintomas da falta de recursos de que sofre o sujeito das sociedades do espetáculo, para construir tanto a dimensão singular do *ser* quanto o espaço público do qual depende o sentido de sua existência.

4

EXIBICIONISMOS

TRÊS OBSERVAÇÕES SOBRE OS *REALITY SHOWS*

Maria Rita Kehl

No (nosso) limite

Ainda me lembro do mal-estar que senti quando, em um tempo remoto – no eterno presente do mundo espetacular todo passado é remoto –, a TV Globo estreou *No Limite*, no horário nobre de domingo. Pessoas "comuns" foram selecionadas entre uma multidão de concorrentes dispostos a pagar qualquer preço para aparecer na televisão. O grupo escolhido era levado para "longe da civilização" (mas não do *set* de filmagem) e dividido em duas equipes para enfrentar uma longa gincana de provas às vezes difíceis, outras vezes cruéis, em condições mais cruéis ainda. Não estou me referindo às dificuldades apresentadas pela natureza inóspita, nem ao esforço físico exigido pelas provas, mas à crueldade embutida nas regras do jogo. Ao final de cada prova, a equipe perdedora deveria escolher, diante das câmeras, um de seus membros para ser excluído da brincadeira.

No início, as equipes perdedoras tendiam a votar pela eliminação dos mais fracos, que atrapalhavam o desempenho coletivo. O critério do jogador mais fraco, bem menos objetivo do que pode parecer, aos poucos foi se deslocando para atingir o mais chato, que poderia ser o que menos se adequasse à média – de idade, raça, tipo físico ou classe social – de sua equipe.

Não demorou muito para que um clima fascistóide, edulcorado por lágrimas e acompanhado de músicas sentimentais, dominasse o ritual semanal das eliminações.

Depois de algum tempo, outra lógica se impôs aos participantes: diante da promessa de um prêmio elevado para um finalista individual, os remanescentes começaram a eliminar não os mais fracos e sim os mais fortes, tentando aumentar suas próprias chances. Que vença o pior! Cada jogador banido era homenageado com as lágrimas de crocodilo de seus colegas e um clipe sentimental de seus melhores momentos no jogo, simulacro de uma fama sofrida e fugaz.

A proposta de *No Limite* tem um fundamento moral conservador: trata-se de demonstrar, com todos os recursos "realistas" de um espetáculo ao vivo, que a natureza humana é irremediavelmente vil. Submetidos a duras condições de sobrevivência – às vezes a equipe perdedora ficava sem ter o que comer – e às regras subjetivas de uma concorrência feroz, os jogadores filmados em tempo real acabavam mostrando o que tinham de pior: mesquinhez, covardia, a mais cínica capacidade de cálculo, falta de solidariedade e de lealdade. *No Limite* foi um laboratório nietzschiano em que se cultivou a prova da vitória dos fracos sobre os fortes, em que se reafirmou o pacto cínico que rege o mundo neoliberal. Ao final, cada edição do programa parecia provar, como um teorema, que não se deve esperar grandeza e generosidade de ninguém, e que só os ingênuos ainda acreditam que em condições melhores o homem também possa se tornar melhor. Com uma "natureza humana" dessas, não se deve esperar nada melhor do que o estágio selvagem do capitalismo neoliberal.

Reforçou também a convicção de uma boa parcela da elite brasileira, que justifica suas práticas ilícitas alegando que todo homem tem seu preço – não há ética que resista à tentação de uma boa bolada de dinheiro. Os participantes de *No Limite*, sem quebrar nenhuma regra do jogo, trabalharam para referendar este preconceito que protege os corruptos.

Mesmo assim, não deixava de ser constrangedor assistir às baixarias espontâneas cometidas pelos participantes, nos momentos mais dramáticos de *No Limite*. Mas isto já pertence às brumas do passado. É verdade que o programa esteve no ar até dezembro de 2001, mas quem ainda se preocupava com o destino dos jogadores perdidos nas selvas cenográficas da Globo? Naquele final de ano, estávamos todos perplexos com a constatação de que tudo o que é ruim sempre pode ficar pior; substituímos *No Limite* pela *Casa dos Artistas*, do SBT. Experimentamos o gozo vicário de observar que as pessoas podem sempre descer um pouco mais baixo. Sem a mediação da gincana, mas dentro do mesmo espírito de concorrência feroz, uma dúzia de atores esquecidos em busca de projeção submeteram-se a passar algumas semanas presos dentro de uma casa bacana – que como bem observou Eugênio Bucci, tinha tudo o que alguém possa desejar, menos uma estante de livros – entregues a uma convivência vazia, a uma vidinha besta que parece representar o ideal de milhões de telespectadores cujos projetos de vida foram formatados pela televisão e pela publicidade. Num cenário razoavelmente luxuoso, o grupo de jovens eugênicos despendeu seu tempo entre insinuações de sexo, mexericos e maledicências, muito tédio, rivalidades escusas, espertezas e traições. O resto era pura fisiologia, no duplo sentido da palavra. No capítulo final, a secular experiência demagógica de Silvio Santos bateu tudo o que os diretores de criação da Globo poderiam conceber.

Um fato é indiscutível: quem não quisesse se constranger com a baixaria da *Casa dos Artistas*, que passasse longe do SBT naquele horário. No entanto, o Brasil inteiro ficou hipnotizado pelo programa, que fez *No Limite* parecer um seriado infantil da TV Educativa. Mais uma vez, a pergunta se impõe: o ser humano é "assim mesmo"? A baixeza é, inevitavelmente, o espelho de nossa verdade mais profunda?

A resposta pode ser sim. E não. O inconsciente é, sim, um imenso depósito de representações mesquinhas – maldades, perversões e fantasias criminosas recalcadas. Se recalcamos, boa coisa não é. O sucesso dos piores programas de televisão está no fato de encenarem, em público, algo parecido com a realização de nossos desejos inconfessáveis. A educação, o decoro, o chamado "bom gosto", o fino verniz de civilização que recobre nossa selvageria, nossa curiosidade escatológica, é que nos impedem de espionar pela fechadura do quarto alheio, ouvir as brigas e o sexo dos vizinhos por detrás da porta; é o que nos leva a desviar polidamente o olhar do bêbado exibicionista ou do corpo atropelado no meio da rua. Em nome do decoro e do bom gosto – e da identificação com o suposto comportamento das elites – tentamos nos manter distantes da intimidade alheia e criticamos a curiosidade mórbida dos outros. Mas a pornografia, a escatologia e a morbidez, restos dos grandes interesses infantis, são a versão rebaixada dos grandes temas da filosofia: os mistérios do desejo e da origem da vida, a materialidade do corpo, a finitude, a morte.

A polidez que nos afasta das versões mais brutas desses grandes temas é fruto de alguns ideais – políticos e estéticos – que só faz sentido em sociedades em que estes ideais possuam alguma sustentação coletiva. Há momentos, na história de um país, em que a sociedade não deseja se identificar com a abjeção. São momentos em que grande parte da população está mobilizada por outros projetos políticos, tentando afirmar outros parâmetros éticos para a vida em comum. Existem momentos, na história de uma cultura, em que a grande maioria aposta sinceramente na possibilidade de fazer uma vida melhor, e uma minoria esperançosa chega a se empenhar, de fato, em projetos emancipatórios – na arte, na política, na educação e em outras formas de ocupação do espaço público. Quando estes projetos fracassam ou são traídos, está aberto o caminho da descrença. Se a dimensão pública da existência, que justifica a renúncia ao gozo, se amesquinha, ficamos condenados a nos interessar pelas nossas próprias fantasias. Prisioneiros do espelho.

A vida que gira em torno da tela da televisão, tanto do lado de cá quanto do lado de lá, é a vida que perdeu esta dimensão pública. Os espaços onde os homens se encontram e as idéias circulam, espaços da criatividade política e da invenção de novos discursos e de novos sentidos para a existência, foram quase totalmente privatizados na sociedade do espetáculo, que é a versão pós-moderna da sociedade de massas. A vida privatizada é pobre e insignificante. Sua espetacularização no cenário da *Casa dos Artistas* é tão mesquinha quanto a convivência silenciosa na sala onde se reúnem os telespectadores.

A brutalidade sentimentalóide e a burrice exibicionista (ou vice-versa) não nos são tão estranhas quanto gostaríamos que fossem; transformadas em *leitmotiv* do espetáculo, podem funcionar como consolo para esses tempos de estreitamento de nossa imaginação.

Espiar o quê?

A terceira edição do *Big Brother Brasil* não representa grande novidade em relação às duas primeiras, a não ser por coincidir com a notícia de que, nos Estados Unidos, os *reality shows* estão passando para trás as formas tradicionais de teledramaturgia. Seria o fim da ficção na TV. Aqui, o Ibope do BBB passou à frente do da "novela das oito" (a grade de programação da Globo já é uma tradição tão arraigada no cotidiano dos espectadores, que continuamos a chamar de novela das oito esta que há anos é exibida às nove da noite).

Dizem que isto aconteceu porque *Esperança* é chata. Não concordo; é lenta, sim. Tem um ritmo, uma fotografia e uma solenidade compatíveis com o período em que se passa a trama – a São Paulo da década de 1930. Mas gostar de *Esperança* pode ser uma concessão à teledramaturgia típica de quem ama os grandes romances realistas do século XIX, como Balzac e Dickens, só para mencionar os mais populares.

Os *reality shows* já estão ameaçando o Ibope da ficção na TV. Sua produção é mais simples e mais barata, o que torna a substituição tentadora para uma emissora como a Globo, que gasta milhões em novelas e minisséries, algumas de excelente qualidade e baixa audiência – como *Os Maias*, no texto fiel de Eça de Queiroz adaptado por Maria Adelaide Amaral em 2001. Mas como já notou o crítico Eugênio Bucci, ninguém vive sem ficção. É quase impossível se transformar uma fatia da vida, mesmo que seja a vida espetacular, em acontecimento para interesse das massas, se ela não receber um mínimo recorte ficcional.

A terceira edição do BBB está menos chata do que a primeira porque a emissora vem dirigindo a trama, editando as intermináveis conversas sem assunto dos participantes, organizando planos e contraplanos, produzindo o que for possível no sentido de criar tensão dramática a cada "capítulo" da vidinha besta que se encena – isto mesmo, se *encena* – na mansão/estúdio/cativeiro global. O filé *mignon* da trama deveria ser a pornografia *light*. Gente jovem e bem alimentada, belos corpos, muito ócio: não é a situação ideal para oferecer aos espectadores a oportunidade de espionar cenas de sexo? Mas o interesse sexual vem escasseando entre os participantes do BBB. Pedro Bial, na primeira semana, não poupou esforços no sentido de incentivar os participantes a se interessarem sexualmente uns pelos outros e oferecer ao público um pouco de excitação voyeurista. Só que o sexo, tornado obrigatório, perde boa parte de seu interesse. Nada mais eficiente para reprimir o erotismo do que transformá-lo em dever. É verdade que, em resposta aos apelos do animador –, ou em busca de pontos na corrida pela popularidade – o participante Domini, que saiu vencedor dessa terceira edição, "ficou" com a carismática Sabrina, que foi eliminada, diante das câmeras. Mas fora este episódio, parece que a convivência na casa de BBB está cada vez menos excitante.

Nada de transas debaixo do cobertor, revelações picantes sussurradas, beijos roubados. O que excita o pessoal é o paredão. Conspirações, traições, armadilhas, estratégias descaradas para passar a perna nos companheiros e garantir a própria permanência: este é o tema de BBB. Não estamos espiando uma amostra da imaginação erótica desses belos jovens confinados em um sucedâneo pós-moderno do castelo do marquês de Sade. Trata-se de "sadismo", sim, mas não sexual. O "*show*" de BBB é a festa neoliberal do cálculo, o jogo da incansável da concorrência com ou sem limites éticos. Dinheiro é melhor do que sexo; os concorrentes não querem perder tempo trepando: querem conspirar.

Parece que o público que prefere o *Big Brother* não quer ser iludido com a vida água com açúcar das novelas. Engano. O que o público está pedindo é para se iludir *melhor*. Os *reality shows* são a forma mais eficiente de ilusão que a cultura de massas já produziu: vendem aos espectadores o espelho fiel de sua vida amesquinhada sob a égide severa das "leis de mercado". Vendem a imagem da selva em que a concorrência transforma as relações humanas. Só que elevados ao estatuto de espetáculo.

A outra cena perversa

Parece voyeurista o prazer de espionar a vida encenada nos *reality shows* da TV – mas não é. O prazer do *voyeur* consiste em captar o corpo do outro em sua dimensão obscena – do que deveria estar *fora de cena* – em busca da realização imaginária de *outra cena*, montagem inconsciente que regula um gozo dito perverso. Talvez o espectador do *Big Brother Brasil* sinta algum prazer em se fazer de perverso, em flertar com uma perversão falsificada, que é o modo como os neuróticos comuns às vezes tentam burlar a monotonia de suas fantasias sexuais. Mas mesmo este voyeurismo é falso, mais uma entre as infinitas possibilidades de falsificação que a televisão oferece. Afinal, os participantes do jogo sabem que estão sendo filmados. Sabem que cada movimento seu, cada diálogo, cada jogo de corpo, vai contar pontos a favor ou contra na grande gincana de popularidade que realmente interessa, o mais é conversa. Se existe alguma perversão no BBB, está do lado do exibicionismo dos participantes e não do pretenso voyeurismo do público, que por sinal a essas alturas já sabe que, em se tratando de um "*show* de realidade", está sujeito a ser mais enganado do que nunca. E, como sempre, está gostando disso.

A perversão dos participantes, por sua vez, vai sendo cada vez menos sexual – o que não parece decepcionar muito o telespectador, já que o Ibope do programa está cada vez mais alto. Não foi sexual o frenesi que animou público e participantes da terceira edição do *Big Brother Brasil.* O que esquentou o programa foi a encenação – esta, sim, realista – da concorrência – esta, sim, perversa – característica do contexto mais selvagem do capitalismo selvagem a que estamos todos, atores e espectadores, submetidos.

A modalidade de concorrência predatória nas sociedades capitalistas dominadas pela indústria da comunicação e da imagem é mais opressiva do que a que explorava a força braçal, o esforço, a dedicação ou a competência dos trabalhadores. É mais opressiva e também mais eficiente, porque se apóia justamente nos anseios de liberdade individual e na produção de uma superabundância que promete a superação tanto das necessidades vitais quanto dos imperativos do trabalho. A indústria da imagem não libera os sujeitos da concorrência, mas estende seu alcance a todos os recantos da vida privada.

É o que se encena em *Big Brother Brasil*. O caráter "escapista" do programa – gente jovem e bonita vivendo dias de ócio em uma casa cinematográfica etc. – é muito menos determinante para sua popularidade do que o teor das aflições não nomeadas, das quais ainda mal nos apercebemos, que o *reality show* mobiliza. Os concorrentes estão envolvidos em uma espécie de "topa-tudo por dinheiro", cujas regras são absolutamente subjetivas. Não há provas que exijam habilidades específicas em BBB, como no caso do finado *No Limite*. As armas que contam nesse campo de batalha pós-moderno são 100% "psicológicas" – a dimensão dos afetos, que poderia perturbar a eficiência da sociedade industrial repressiva até a primeira metade do século XX, transformou-se na "força de trabalho" mais valiosa na sociedade regida pela indústria da imagem. Os concorrentes ao prêmio final de BBB conspiram, manipulam, traem uns aos outros – esta é a verdadeira dimensão "obscena" do *show* – até que o mais esperto, que se apresente como mais amável para o público, ganhe a bolada prometida.

A destruição da dimensão pública da vida humana, a privatização do sentido da vida e a consagração do homem subjetivo em lugar do homem político, como novo paradigma do melhor que nossa sociedade produziu, são os componentes secretos do sucesso desse tipo de programa. Que o prêmio seja concedido com base em critérios afetivos, puramente imaginários, revela o tamanho da opressão a que estamos todos submetidos: se o espaço público é invadido pelas representações da vida privada, quem não quiser ser expulso do jogo tem que comprometer não uma parcela de seu tempo de vida (como o operário das páginas d'*O capital*), mas sim todo o seu "ser" nessa alienação, em que a tirania do sentimentalismo coletivo é que dita as normas para a "seleção de pessoal".

COM QUE CORPO EU VOU?

Maria Rita Kehl

O corpo tem alguém como recheio.
Arnaldo Antunes, tema para o grupo Corpo em 2000

Que corpo você está usando ultimamente? Que corpo está representando você no mercado das trocas imaginárias? Que imagem você tem oferecido ao olhar alheio para garantir seu lugar no palco das visibilidades em que se transformou o espaço público no Brasil? Fique atento, pois o corpo que você usa e ostenta vai dizer quem você é. Pode determinar oportunidades de trabalho. Pode significar a chance de uma rápida ascensão social. Acima de tudo, o corpo que você veste, preparado cuidadosamente à custa de muita ginástica e dieta, aperfeiçoado através de modernas intervenções cirúrgicas e bioquímicas, o corpo que resume praticamente tudo o que restou do seu ser, é a primeira condição para que você seja feliz.

Não porque ele seja, o corpo, a sede pulsante da vida biológica. Não porque possua uma vasta superfície sensível ao prazer do toque – a pele, esse invólucro tenso que protege o trabalho silencioso dos órgãos. Não pela alegria com que experimentamos os apetites, os impulsos, as excitações, a intensa e contínua troca que o corpo efetua com o mundo. O corpo-imagem que você apresenta ao espelho da sociedade vai determinar sua felicidade não por despertar o desejo ou o amor de alguém, mas por constituir o objeto privilegiado do *seu* amor-próprio: a tão propalada auto-estima, a que se reduziram todas as questões subjetivas na cultura do narcisismo.

Nesses termos, o corpo é ao mesmo tempo o principal objeto de investimento do amor narcísico e a imagem oferecida aos outros – promovida, nas últimas décadas, ao mais fiel indicador da verdade do sujeito, da qual depende a aceitação e a inclusão social. O corpo é um escravo que devemos submeter à rigorosa disciplina da indústria da forma (enganosamente chamada de indústria da saúde), e um senhor ao qual sacrificamos nosso tempo, nossos prazeres, nossos investimentos e o que sobra de nossas suadas economias.

Essas e outras considerações me ocorreram após a leitura de *O nu e o vestido*, livro recém-editado pela Record, reunindo estudos de dez antropólogos brasileiros e estrangeiros a respeito da cultura do corpo no Rio de Janeiro, hoje[1]. O título, que remete intencionalmente ao famoso estudo de Claude Lévi-Strauss – *O cru e o cozido* –, revela o interesse dos autores pelo corpo como um complexo conjunto de signos classificatórios que indicam as diferenças sociais na cultura do Rio de Janeiro – mas que vale também para outras culturas urbanas no Brasil. O grande interesse do livro, a meu ver, são os dados e os depoimentos colhidos pelos antropólogos; quanto às análises empreendidas, tive a impressão de que a preocupação com o rigor acadêmico tolheu a liberdade e a criatividade dos autores, que em geral descrevem exaustivamente os respectivos campos de investigação, mas não arriscam muito na interpretação teórica dos dados.

No entanto, a atualidade do objeto e a força das informações colhidas dão o que pensar. Será correto escrever que vivemos em uma cultura do corpo? De que corpo se trata? No livro

[1] Mirian Goldberg (org.), *O nu e o vestido* (Rio de Janeiro, Record, 2002), 411 p.

em questão, cada pesquisador escolheu um aspecto dessa cultura: as academias de musculação; o culto à praia; as operações plásticas e enxertos de silicone; o consumo de hormônios e anabolisantes; o cultivo do bronzeado; a moda. O conjunto nos parece monstruoso. Para milhares de brasileiros, incentivados pela publicidade e pela indústria cultural, o sentido da vida reduziu-se à produção de um corpo. A possibilidade de "inventar" um corpo ideal, com a ajuda de técnicos e químicos do ramo, confunde-se com a construção de um destino, de um nome, de uma obra. "Hoje eu sei que posso traçar meu próprio destino", declara um jovem freqüentador de academias de musculação, associando o aumento de seu volume muscular à conquista de respeito por si mesmo[2]. Ao confundir o traçado do corpo com o traçado do destino, este jovem faz incidir sobre a possibilidade de modelar as formas do seu corpo uma espécie de pretensão autoral, pobre sucedâneo das esperanças de liberdade e escolha de destino dos *self-made-men* dos primórdios da modernidade.

O corpo-destino, o corpo-obra do sujeito contemporâneo, revela um deslocamento significativo do eixo da subjetividade na sociedade atual. Totalmente privatizado em seus fundamentos (o corpo seria a última e mais preciosa "propriedade privada" dos membros das culturas de massas), o homem-corpo contemporâneo parece estar construindo uma experiência de si alheia ao que se considerou, na modernidade, como o domínio subjetivo do *eu*. É como se, ao sujeito introspectivo, conflituado e autovigilante da psicanálise, se sucedesse um sujeito liberto das vicissitudes de qualquer subjetividade. O que é enganoso: o corpo é a primeira representação imaginária do *eu*. Ao concentrar sobre ele a subjetividade, o jovem freqüen-

---

2 César Sabino, "Anabolisantes: as drogas de Apolo", em *O nu e o vestido*, cit., p. 139-88.

tador das academias de musculação que pensa estar livre para traçar seu destino não se dá conta de que está se condenando a viver, mais do que nunca, encarcerado em si mesmo.

Ou, o que é ainda mais bizarro: como se ao sujeito do inconsciente, condenado a arcar com o enigma de seu desejo e construir um destino a partir dele, se sucedesse um sujeito que escolheu não precisar saber mais nada sobre "isso". Parece que o corpo lhe basta; o corpo, que foi para o bebê a primeira sede narcísica do *eu*, continua dando conta, para estes novos sujeitos, de todas as questões a respeito do *ser* e do sentido da vida. O homem-corpo do terceiro milênio pode representar a morte do sujeito da psicanálise, pelo menos tal como o conhecemos até aqui. No entanto, a expansão dos sintomas psicossomáticos nos faz questionar se a dimensão inconsciente, negada pelas ideologias da fisiocultura e da eterna juventude, não vem cobrar justamente do corpo o preço dessa recusa.

A doentia obsessão pela saúde

As ciências biomédicas, em defesa de uma (pretensa) saúde, ocuparam o lugar deixado vazio pelos discursos religiosos, filosóficos e morais no mundo contemporâneo. Seu saber orienta uma variadíssima indústria do corpo, ainda em expansão no Brasil, cujos imperativos – em nome da vida, da felicidade e da saúde – conquistam mercados e mentes. O cuidado de si volta-se para a produção da aparência, segundo a crença já muito difundida de que a qualidade do invólucro muscular, a textura da pele, a cor dos cabelos revelam o grau de sucesso de seus "proprietários". Numa praia carioca, escreve Stéphane Malysse[3], as pessoas parecem "cobertas por um sobrecorpo, como uma

[3] Stéphane Malysse: "Em busca dos (H)alteres-ego: olhares franceses nos bastidores da corpolatria carioca", em *O nu e o vestido*, cit., p. 79-137.

vestimenta muscular usada sob a pele fina e esticada...". São corpos em permanente produtividade, que trabalham a forma física ao mesmo tempo em que exibem o resultado de seus esforços aos outros passantes. São corpos-mensagem, que falam pelos sujeitos. O rapaz "sarado", a loira siliconada, a perua musculosa ostentam seus corpos como se fossem aqueles cartazes que os homens-sanduíche carregam nas ruas do centro da cidade: "Compra-se ouro". "Vendem-se cartões telefônicos." "Belo espécime humano em exposição."

É fato que as sociedades burguesas, desde o século XIX, consideraram o corpo como propriedade privada e responsabilidade de cada um. O corpo – mas o corpo vestido, domado pela compostura burguesa e embalado pelo código das roupas – era o primeiro signo que o *self-made-man* em ascensão, sem antecedentes nobres, emitia diante do outro a respeito de quem ele "é". A aparência substituiu, com vantagens democráticas, o "sangue". O corpo bem-comportado e bem-vestido de até poucas décadas atrás dizia: sou uma pessoa decente, confiável, honrada – e meus negócios vão bem.

Hoje o corpo malhado, sarado, siliconado do novo milênio limita-se a confirmar: sou um corpo malhado, sarado, siliconado. O circuito fecha-se sobre si mesmo. Parece a ética dos "cuidados de si" pesquisada por Michel Foucault[4] – mas não é. O sentido da prática dos cuidados de si a que se dedicavam alguns cidadãos gregos e romanos, na Antiguidade, estava diretamente articulado ao papel desses homens na vida pública. Ser capaz de cuidar bem do corpo e da mente era condição para cuidar bem dos assuntos da pólis. Uma dimensão ética emprestava sentido público à responsabilidade de um homem para com sua saúde, os cuidados com seu equilíbrio físico e

---

[4] Michel Foucault, "Os cuidados de si", em *O que é um autor?* (Lisboa, Vega, 1992).

mental, a cuidadosa produção de uma estética da vida cotidiana. Podemos questionar as limitações da ética dos cuidados de si proposta por Foucault, mas não se deve confundi-la com a ética individualista da cultura de massas.

No Brasil de hoje, em que o espaço público foi a um só tempo desmantelado e ocupado pela televisão, a produção dos corpos é a produção da visibilidade vazia, da imagem que tenta apagar a um só tempo o sujeito do desejo e o sujeito da ação política.

A cultura do corpo não é a cultura da saúde, como quer parecer. É a produção de um sistema fechado, tóxico, claustrofóbico. Um sistema circular, empobrecido de possibilidades simbólicas e discursivas. Nesse caldo de cultura insalubre, limitado pelas mais primitivas fixações imaginárias, desenvolvem-se os sintomas sociais da drogadição, da violência e da depressão. Sinais claros de que a vida, fechada diante do espelho, fica perigosamente vazia de sentido.

A SOLIDARIEDADE QUE NÃO TEME APARECER (ou o voluntariado para ajudar a quem ajuda)

Eugênio Bucci

O título deste texto carrega uma ambigüidade proposital. Pode ser lido como crítica e também pode ser lido como argumento a favor. Se lido como crítica, sugere que o voluntariado, ou o trabalho voluntário, faz bem antes de tudo ao próprio voluntário. Ocupando seu tempo nesses programas de ajuda ao próximo, ele se sente útil, menos parasita, mais realizado. Ele sente prazer. O bem almejado pelo trabalho voluntário, portanto, seria o deleite daquele que a isso se dedica. Tanto melhor, alguém dirá: melhor ter prazer ajudando o próximo do que ter prazer impondo sofrimento ao outro. E eu até concordo. Mas, mesmo assim, mantenho a crítica. Depois voltarei a ela.

Antes, quero deixar expresso o lado positivo, favorável, quase entusiasmado do título ambíguo ali em cima. Acredito que, com deleites secretos ou sem eles, a prática do trabalho voluntário tem uma dimensão de profilaxia ativa das mentalidades das elites, vai varrendo a indiferença que a nossa sociedade sempre cultivou diante dos mecanismos, das causas e dos efeitos da exclusão social. O trabalho voluntário seria, portanto, uma atividade formadora e didática. Por aí, então, podemos também dizer que os mais ajudados pela prática de ajudar o próximo são os que ajudam. Estariam passando por um curso de reciclagem solidária, reaprendendo a conviver em sociedade. E só isso já basta para justificar todos os esforços que se fazem nesse campo. É bom para todo mundo. No Brasil de hoje, os pobres e excluídos precisam de apoio material, precisam de professores, de tratamento médico, de atenção – e os ricos e poderosos também precisam de ajuda, mas ajuda de um outro tipo. Precisam de ajuda existencial, precisam de reeducação do espírito e do caráter. A tudo isso, o trabalho voluntário oferece esperanças.

Que bom que existam voluntários. Quanto mais, melhor.

***

O problema é que eu, pessoalmente, acabei adquirindo uma certa antipatia por essa nova "solucionática" voluntária que está na moda. Empresas que demitem funcionários antigos como quem troca os cestos de lixo do corredor estão aí falando em responsabilidade social. Claro, é melhor que falem, mas algo aí incomoda. Responsabilidade social virou *marketing* – o que não é um problema "em si", mas é um problema meio "fora de si": o voluntariado-institucional-tornado-marketing vem de fora para dentro, vem do mercado para as relações humanas. A prática solidária, nesse caso, não brota do sentimento de solidariedade, mas de um interesse egoísta, o interesse econômico. Ao que alguém poderá objetar: não estamos aqui para discutir as motivações alheias, certo?

Ou será que estamos? Uns vão dizer que, se o mercado valoriza as práticas solidárias, nada mais faz do que refletir um sentimento generalizado de solidariedade. Não é o mercado, dirão, mas a sociedade refletida no mercado quem valoriza a atitude solidária. Não sei não. Não resta dúvida de que se a responsabilidade social se converte num fator de *marketing* é porque, afinal, o público (o tal consumidor) atribui alguma importância a essa atitude e está disposto a pagar mais pelas marcas relacionadas a ela. É um "*marketing* do bem". Mas isso seria uma constatação muito superficial e, para além da superficialidade, a coisa se complica um pouco. Vamos lá.

Se há, como há, um "*marketing* do bem" que promove a solidariedade social, devemos admitir que a solidariedade se tornou um valor de mercado e um valor *para* o mercado. Logo, estamos diante de uma "solidariedade de mercado", uma solidariedade que é não bem um sentimento interior, mas uma *imagem de solidariedade*. É uma imagem que ganha vida própria e que vai se associar a outras imagens para valorizá-las – imagens de empresas, de marcas, de governos e governantes, de personalidades públicas. A solidariedade, assim posta, como imagem autônoma ou como imagem que reforça outras imagens, existe no mercado não como um fim que se basta, um fim desinteressado, mas como um argumento para o consumo – o consumo de marcas (consumo que é pago em dinheiro, pela compra dos produtos), de governos e governantes (consumo que é pago em delegação de poder, pelo voto), de personalidades públicas, as tais celebridades (que são consumidas pela imitação, pela admiração, o que se remunera com índices de popularidade). Portanto, esse tipo mercadológico de solidariedade, além de constituir um valor de mercado e *para* o mercado, torna-se também um fator que, para usar aqui a linguagem dos marqueteiros e marquetólogos, "agrega valor" a produtos, marcas, empresas, pessoas e governos. A solidariedade assim posta, mais que um valor ético, é um fator de lucro – ou de proteção contra prejuízos (econômicos e de imagem). É, necessariamente, uma solidariedade exibicionista.

O quadro final vira um quadro retorcido: essa solidariedade de mercado está voltada não para o exercício continuado da doação, mas, no fim da linha, para o prolongamento do processo de acumulação. É uma solidariedade que, fomentando o consumo, vira arma para a disputa de "fatias de mercado", para a liquidação da concorrência. O que acaba virando uma solidariedade que nega a própria solidariedade: ela se destina a aprofundar e não a atenuar o processo de apropriação do valor socialmente produzido.

***

Falei há pouco em solidariedade exibicionista. Não foi por acaso. Um traço especialmente interessante nessa solidariedade de mercado é a sua relação com a visibilidade. Essa solidariedade não precisa ser sentida ou, por assim dizer, vivenciada, mas precisa ser vista, exibida, mostrada, ostentada. Mas não assim, de chofre, de uma vez. Estamos aqui falando de uma espécie de ostentação que se faz por dissimulações. Para muitos, e há os que dizem isso abertamente, a solidariedade é um investimento. E, complementam, dedo em riste, um investimento de *looongo* prazo. O retorno demora um pouco, não se pode esperá-lo de imediato. Há os que investem em solidariedade sem divulgá-la, durante alguns anos, e depois proclamam os frutos desse investimento em campanhas publicitárias que, não raro, custam mais do que a própria obra social em questão. Nada mais eficaz do que fazer a divulgação *a posteriori*. O valor agregado é maior. A marca vai ganhar mais força. Força de mercado.

Tanto é assim que o trabalho voluntário já se articula socialmente como uma atividade econômica à parte, sem fins lucrativos diretos, mas com fins lucrativos indiretos. Há um mercado de trabalho se especializando na área. Há um jeito de operar bastante característico, autônomo, há um modo próprio de arregimentar pessoas, há um código discursivo diferenciado, que se articula na busca de financiamento e no recrutamento de gente. A solidariedade de mercado vai demarcando seu lugar. E, se ela vai assim se firmando, isso não se deve tanto ao benefício social que ela produz, mas à sua capacidade de "agregar valor". Isso se deve aos benefícios de imagem que ela rende.

Que são óbvios: uma empresa rigidamente criteriosa em seu negócio e ao mesmo tempo reconhecidamente solidária tende a ter vantagem diante de uma concorrente que é apenas criteriosa em seu negócio.

***

Imagem. Imagem que converge para a mercadoria. Imagem para o consumo e para expandir o consumo. Claro, acabaremos falando inevitavelmente de fetiche. Não é difícil visualizar o fetiche que se ergue em torno da solidariedade de mercado. O fetiche é quem costura o nexo entre a prática do trabalho voluntário e o gozo (quase sempre oculto, de ordem inconsciente) que essa prática proporciona ao voluntário.

Aqui volto ao tema que, lá no primeiro parágrafo, eu havia prometido retomar: o trabalho voluntário existe para deleitar aquele que a ele se dedica. Para o gozo do voluntário. Aí é que entra o fetiche – ou daí é que ele sai. O fetiche atua ao mesmo tempo na ligação com o gozo e na ocultação de sua origem. O fetiche da solidariedade de mercado mascara-lhe a natureza de mercadoria (a solidariedade de mercado é uma mercadoria em forma de imagem) e mascara-lhe a função de prazer perverso, como é quase todo prazer. O fetiche serve para legitimar a solidariedade de mercado.

Eu me lembro de uma propaganda na TV conclamando o público a aderir a uma obra filantrópica fazendo doações em dinheiro. Eu me lembro bem porque o apelo publicitário prometia uma sensação de gozo ao potencial doador: "Você vai se sentir maior e melhor". O telespectador era instado a dar seus trocados. E por quê? Menos pelos benefícios que isso levaria aos outros e mais pelo prazer que ele experimentaria ao fazer a doação. Aquela campanha me chamou a atenção. O consumidor iria se sentir maior por quê? Melhor por quê?

Antes de enfrentar essas duas perguntas um tanto constrangedoras, devo conceder que talvez aquela fosse apenas uma campanha infeliz, quer dizer, uma campanha que oferecia vantagens indevidas, numa linguagem indevida, uma campanha deseducada. Concedo a possibilidade, mas não creio nela. A campanha me parecia exata. Aparentemente, sentir-se maior e melhor era apenas sentir-se engrandecido em relação a si mesmo; sentir-se qualquer coisa como "um ser humano melhor e maior". Nada mais "humano". Sim, era uma boa companha, melhor ainda pelos seus sentidos não declarados. A significação que a campanha fixava era mais profunda que seu apelo meramente "humano". Ela sabia extrair do fetiche o que ele tem de mais potencialmente prazeroso: o modo como reveste o indizível da mercadoria (a mercadoria chamada solidariedade), o modo como o mascara e o acaricia ao mesmo tempo.

Aquela publicidade específica não inventou a perversão invertida (parte do indizível) que há no gesto de quem dá algo aos mais fracos – ela apenas encontrou na perversão invertida a sua via de convencimento e, mais exatamente, de sedução. A prática da solidariedade vende-se como uma prática sedutora. Em outros termos, uma prática narcísica. É um recurso permitido, autorizado, legitimado para cultivar o narcisismo, o mesmo narcisismo que há em ter o tênis importado que o outro não tem, a gravata que o outro não tem, o cartão de crédito que o outro não tem.

Na perspectiva publicitária, doar dinheiro – que o outro não tem e, logo, que o outro não pode doar – é uma passagem para a sensação de se sentir exclusivo. Não esqueçamos que, em nossa sociedade, o verbo ter se conjuga com um sentido oculto, o de impor a privação ao outro. Ter é privar alguém de ter. Do mesmo modo, ao menos naquela mensagem publicitária, doar é poder doar mais que o outro tem. Daí o se sentir "maior". Daí o se sentir "melhor". Não apenas maior do que aquele que recebe a doação, mas maior, também, do que todos aqueles que fizeram doações menores. E melhor do que os que não fizeram. Doar é uma forma de comprar o gozo.

***

Eu queria ver uma campanha publicitária que dissesse: você vai se sentir igual. Igual e igual. Mas nunca verei. Essa campanha seria um fracasso de mercado.

***

O fetiche do trabalho voluntário mascara e acaricia o narcisismo de seu praticante. O que, não custa lembrar, é apenas uma hipótese, ainda que seja uma hipótese muito forte. Cujas conseqüências são sérias. Como o prazer nunca funciona para construir sua própria extinção, esse prazer perverso não quer também superar o objeto sobre o qual ele se deita e se aninha. O prazer oculto do voluntário deseja a permanência daquilo que o aciona, que o move, que o aquece; ele não quer acabar com o sofrimento do outro, mas saciá-lo no limite da sobrevivência. Para além disso, quer perpetuá-lo. O prazer oculto apenas mascara e acaricia a fonte do sofrimento do outro. Mas o mantém lá. Intacto e sedento.

***

Ao terminar este meu texto crítico e, para alguns olhos, negativista, devo dizer que, a despeito de tão ácida mirada, e indo de volta ao pólo otimista do título, creio que vale a pena "investir" no trabalho voluntário, vale a pena angariar fundos para viabilizá-lo, vale a pena recrutar novos adeptos. Os mais pobres sempre tiram disso algum benefício. O país ganha. A sociedade ganha. Mais que tudo, os voluntários ganham em lições de cidadania. Além disso, acredito que a dimensão didática da prática da solidariedade deve ser estimulada para que ela ganhe mais qualidade.

Bem, mas se está tudo bem no fim das contas, de que serve a crítica que escrevi? Ela serve para um propósito. Serve para o seguinte: se for mais conhecida e mais debatida, a via do prazer perverso que se esconde no fetiche da solidariedade de mercado deixará de ser um fio hegemônico e irá, pouco a pouco, perdendo peso, dando lugar para um outro tipo de satisfação e de realização solidária. Menos mercadológica. Mais emancipadora. Minha crítica não quer ter razão. Quer apenas estimular que se fale sobre o que se esconde.

Os problemas que aponto não os aponto para descartar a prática da solidariedade, mas para encontrar nela a abertura para um compromisso mais radical. Que essa prática combata não apenas a miséria, mas também a máquina de produzir misérias – e de produzir o narcisismo, o consumismo, o exclusivismo (que é a face chique da exclusão).

Esta crítica que escrevi, eu a escrevi voluntariamente.

5

O ESPAÇO PÚBLICO NO BRASIL

A HISTÓRIA NA ERA DE SUA REPRODUTIBILIDADE TÉCNICA

Eugênio Bucci

É tão difícil olhar o mundo e ver o que ainda existe.
(Roberto e Erasmo Carlos, em
"As canções que você fez pra mim")

Em 24 de setembro de 2003, um artigo de Ali Kamel, diretor executivo de jornalismo da Rede Globo, trouxe uma avaliação bastante positiva sobre a conduta do *Jornal Nacional* durante a cobertura da campanha por eleições diretas para presidente da República, a Campanha das Diretas Já, de 1984. Publicado no jornal *O Globo* sob o título de "A Globo não fez campanha; fez bom jornalismo", o texto, ainda que de modo respeitoso e mesmo elegante, contesta uma passagem de um livro meu, *Sobre ética e imprensa*[1]. A passagem em questão é a primeira linha do primeiro parágrafo do primeiro capítulo, em que afirmo: "No dia 25 de janeiro de 1984, o *Jornal Nacional* tapeou o telespectador". O articulista de *O Globo* sustenta que não tapeou.

Tendo sido citado como fui, é natural que eu me pronuncie a respeito. Mais que natural, é recomendável e devido: impõe-se que eu preste contas dos critérios que me levaram a afirmar o que afirmei. Faço isso, porém, sem adotar o tom acalorado

[1] São Paulo, Companhia das Letras, 2000.

das réplicas e tréplicas. A minha motivação é a de esclarecer, não a de acirrar disputas, pois a relevância do assunto de que estamos tratando é maior que meras vaidades pessoais. Estamos diante de um debate sobre um episódio acontecido há quase vinte anos, que integra a história da televisão no nosso país e que, acima de tudo, diz respeito à memória que estamos guardando ou perdendo de nós mesmos. Na verdade, explicitar os critérios que adotei para escrever o livro cuja passagem foi questionada é uma razão apenas pontual para o que passo a escrever. A razão maior deste artigo é discutir de modo sereno a relação dos brasileiros com a sua própria memória. Esta relação passou a ser uma memória mediada pela televisão, o que gera efeitos de dimensões nada desprezíveis, como veremos.

Dito isso, prossigamos.

O que aconteceu em 25 de janeiro de 1984? O leitor há de lembrar-se. Naquele dia realizou-se um comício na praça da Sé, em São Paulo. Foi um ato exigindo a volta das eleições diretas para presidente da República, um ato histórico. No dia seguinte, uma grande foto da multidão ocuparia quase toda a primeira página da *Folha de S.Paulo*, sob a manchete: "300 mil nas ruas pelas diretas". A cobertura do *Jornal Nacional*, na noite do dia 25, adotou um tom diverso, dando a entender que a manifestação da Sé era apenas mais uma das solenidades que comemoravam o 430º aniversário da cidade de São Paulo, cuja data coincidiu com o "Comício das Diretas".

Kamel defende a tese de que o *Jornal Nacional* noticiou adequadamente o comício, dando-lhe o significado político que ele realmente teve. Para sustentar seu argumento, ele transcreve a fala do repórter que teria sido transmitida no *Jornal Nacional*. Na fala, aparece a menção ao pedido de eleições diretas e, se existe a menção, a notícia teria sido corretamente levada ao público.

Bem, a conclusão não procede. Apesar da menção às diretas, a fala do repórter, segundo a versão agora apresentada, só faz comprovar a distorção deliberada praticada pelo *Jornal Nacional* com o objetivo de revestir o ato da praça da Sé de um caráter mais artístico, festivo e comemorativo do que político. Logo adiante examinaremos a íntegra da reportagem do *Jornal Nacional*. Logo adiante, não já.

***

É sabido por todos que a Rede Globo boicotou em seus telejornais nacionais o movimento de massas que, entre 1983 e 1984, pediu, nas ruas, eleições diretas para presidente da República. É também sabido que esse boicote foi total no início da campanha, desde que ela se iniciou com um comício de 15 mil pessoas no Pacaembu, no dia 27 de novembro de 1983[2]. É sabido ainda que, à medida que a campanha ganhava consistência e representatividade, a Globo foi recuando, recuando, até se render completamente na reta final. O comício do Rio de Janeiro, que aconteceu na Candelária, no dia 10 de abril de 1984, mereceu uma cobertura sem restrições do *Jornal Nacional*. Quanto aos anteriores, ou eram noticiados de modo distorcido ou eram ignorados.

O ato que ocorreu em Curitiba no dia 12 de janeiro de 1984, com a presença de 50 mil manifestantes, sequer foi registrado no *Jornal Nacional*. Já em novembro de 1984, a *Revista Vozes* anotava essa atitude antijornalística em seu artigo de capa, "A Televisão no Brasil: desinformação e democracia", de Venício A. de Lima e Murilo César Ramos[3]. Venício de Lima retomaria o tema anos depois, num livro mais alentado e documentado, *Mídia: teoria e política*. Cito um breve trecho: "Do ponto de vista de televisão brasileira, o fato central foi a

---

[2] O livro *Diretas Já: o grito preso na garganta*, de Alberto Tosi Rodrigues, lançado em novembro de 2003 pela Editora Fundação Perseu Abramo, de São Paulo, traz todo o histórico.

[3] *Revista Vozes*, Editora Vozes, ano 78, n. 9, p. 43, 1984.

omissão de cobertura, por parte da Rede Globo, de qualquer evento relacionado com a campanha das Diretas Já durante 90 dias, até duas semanas antes da votação da Emenda Dante de Oliveira[4]." (A emenda seria derrotada no Congresso Nacional no dia 25 de abril de 1984, por uma diferença de 22 votos.)

O Brasil inteiro sabe que foi assim. Eu sei, você sabe e Roberto Marinho, que na época era proprietário e comandante da Globo, também sabia. Em setembro de 1984, ele declarou à revista *Veja*: "Achamos que os comícios pró-diretas poderiam representar um fator de inquietação nacional, e por isso realizamos num primeiro momento apenas reportagens regionais. Mas a paixão popular foi tamanha que resolvemos tratar o assunto em rede nacional"[5]. Três meses depois, numa reportagem publicada no *The New York Times*[6], ele voltou ao assunto: "Quando a campanha começou, decidimos cobri-la em nível local, mas não no noticiário nacional. Mas, depois, sentimos que o povo brasileiro realmente queria eleições diretas, então cedemos à pressão democrática do povo. Decidimos não nos afastar da opinião pública". A reportagem do diário americano, citada no livro *Mídia: teoria e política,* foi traduzida em *O Globo* do dia 16 de dezembro de 1984, sob o título de "TV Globo, símbolo da integração do Brasil". É público, notório e reconhecido que a Globo boicotou a campanha das Diretas Já.

Se foi assim e se todos sabem que assim foi, se o próprio dono da Globo, na ocasião, admitia o boicote, por que dezenove anos depois aparece a tese de que ela "fez bom jornalismo"

---

4 *Mídia: teoria e política* (São Paulo, Editora Fundação Perseu Abramo, 2001). A passagem citada se encontra no capítulo 6, "A Rede Globo e a transição para a democracia: 1982-1985", p. 152.

5 "Vitória da Notícia – aos quinze anos, o *Jornal Nacional* é o programa mais visto no país", n. 845, 5 set. 1984, p. 54.

6 Reportagem assinada por Alan Riding, "On TV, Brazil is getting a clearer picture of itself", 13 dez. 1984, p. A-2.

naquele ano? Trata-se de uma tendência – um sintoma? – que faz pensar. E faz perguntar: estaria em curso um esforço, ainda que não articulado de modo consciente, por meio do qual a Globo, que, no passado, falsificava o presente, procuraria agora, no presente, modificar a memória que guardamos do passado? E, se existe uma reinterpretação do passado sendo construída, em que documentação ela poderia se basear?

***

Não existem arquivos públicos, independentes, com as fitas de tudo o que foi veiculado pela Globo desde o auge da ditadura até a sua derrocada. Os únicos arquivos conhecidos são os da própria Globo. A sugestão de Ali Kamel é que esses arquivos sejam tomados como a documentação suficiente para comprovar aquilo que a emissora exibiu no passado. Mais que isso, assegura que eles estiveram sempre disponíveis. Eis o que ele diz em seu artigo:

> Bastava uma visita ao Centro de Documentação da TV Globo, onde todas as reportagens estão arquivadas, para que acusações tão graves [*como a de que o "Jornal Nacional" fez uma má cobertura da campanha, enganando o público*] simplesmente não existissem.

É possível que uma simples visita não bastasse. A consulta não era tão fácil. Houve quem procurasse a emissora para examinar a edição do *Jornal Nacional* daquela noite. Sem sucesso. Mario Sergio Conti, autor de *Notícias do Planalto*[7], livro também contestado no artigo do jornal *O Globo*, deu testemunho disso num texto publicado em sua coluna no *site* "no.mínimo":

> Eu fui, diversas vezes, ao Centro de Documentação da Globo quando fiz a pesquisa para *Notícias do Planalto*. E pedi a fita do *JN* de 24 [*sic*] de janeiro de 1984. As fitas daquele ano, explicaram-me, foram gravadas no sistema X, e estavam em processo de

[7] São Paulo, Companhia das Letras, 1999.

transcodificação para o sistema Y. Pedi para ver aquele telejornal específico lá mesmo, numa máquina qualquer, da maneira que fosse. Não dava, foi a resposta. Ao longo de quase dois anos de trabalho no livro, de vez em quando telefonava para o Centro de Documentação e perguntava se dava para ver o raio do *JN* do comício das diretas na praça da Sé. Nunca deu.
Acredito no que os funcionários do Centro de Documentação me disseram. Cheguei a eles por intermédio de João Roberto Marinho, que gentilmente recomendou que me ajudassem. Eles foram sempre eficientes e rápidos, além de simpáticos. Arrumaram-me a fita de um *Globo Repórter*, de abril de 1987, sobre a "caça aos marajás" que o então governador Fernando Collor fazia em Alagoas. Deram-me também a fita com a edição que o *Jornal Nacional* fez do debate entre Lula e Collor na véspera do segundo turno das eleições de 1989. E explicaram que não tinham a fita com a edição do mesmo debate que foi levada ao ar horas antes porque o *Hoje* não era arquivado.[8]

Como se vê, pesquisar no Centro de Documentação não era uma tarefa tão simples. E mesmo que fosse simples, pelo menos duas dúvidas teriam – e têm – de ser consideradas. Primeira: se o Centro de Documentação da Globo do presente é o critério da verdade sobre a Globo do passado. Será que as reportagens, tal como foram arquivadas, são exatamente aquelas que foram ao ar? Segunda dúvida, que complementa a primeira: será que elas não sofreram cortes de última hora antes da transmissão e será que não foram arquivadas sem esses cortes?

Desde logo, é bom avisar: não se trata de pôr em dúvida o caráter ou a integridade pessoal dos arquivistas da emissora. Os centros de documentação de empresas jornalísticas são merecedores de fé pública por definição, e os da Globo também merecem a fé pública. Estudos históricos que tomam por base

---

[8] Mario Sergio Conti, "Carta a Ali Kamel", www.nominimo.com.br, 4 out. 1993.

o conteúdo editorial de jornais impressos são realizados, muitas vezes, nas dependências das empresas que editam ou editavam esses mesmos jornais, pois esses arquivos são dignos de confiança. A mesma confiança pode e deve ser depositada numa empresa jornalística de televisão. Mas, quando a matéria-prima do pesquisador são matérias jornalísticas de TV, surge um problema novo – e é em virtude desse problema novo que as duas dúvidas formuladas acima são pertinentes.

Jornais impressos são coisas palpáveis, concretas, estão materializados em papel. No papel está seu suporte físico. Do papel, assim como da tinta, podem-se examinar a idade e a autenticidade. Já em televisão, como em toda forma de mídia eletrônica, é cada vez mais difícil encontrar o suporte físico original da informação. A bem da verdade, na era digital, quando já não se tem mais sequer o negativo de uma fotografia, posto que as fotos passaram a ser produzidas em máquinas digitais, praticamente não há mais o suporte físico primeiro, original, do documento que depois será objeto de pesquisa histórica. São tamanhas as possibilidades de alteração da imagem digital que, anos depois, será difícil precisar se aquela imagem que se tem corresponde exatamente à cena que foi de fato fotografada. E não se terá um negativo original para que seja tirada a prova dos nove. É precisamente aí que se apresenta o problema novo. E esse problema novo só pode ser superado, se é que pode, com novos métodos de arquivamento.

Todos nós conhecemos de perto, intimamente, a precariedade dos arquivos digitais. Todos nós lidamos a toda hora com sua fragilidade quando lidamos com nossos computadores pessoais. Costumamos guardar em um documento eletrônico aquilo que escrevemos para ser publicado. Guardamos todos ou quase todos ali, num diretório qualquer, mas sabemos que nem sempre a versão que temos na memória da máquina será idêntica à que de fato foi impressa e distribuída aos leitores. Uma pequena correção, a supressão de duas ou três linhas, tudo isso acontece minutos antes do fechamento da revista ou do jornal – e pode modificar a versão que será impressa. Por isso, sabemos que precisamos guardar cópias físicas das publicações, mesmo quando estamos tratando de nossos arquivos pessoais. O mais seguro é guardar um exemplar da tiragem que foi comercializada e distribuída. E mesmo assim sabemos que estamos sujeitos a falhas técnicas e enganos involuntários.

Uma reportagem de TV que tenha sido guardada antes de ir ao ar contém sempre uma margem de risco análoga. Essa reportagem pode ter sofrido um enxugamento ali, no calor do fechamento, pode ter sido cortada por uma limitação de tempo do jornal ao vivo – enfim, pode ter ido ao ar sem algum trecho. O canal pode ter ficado fora do ar por alguns instantes, pode ter faltado luz por dois minutos, sabe-se lá. São hipóteses extremas, bastante improváveis, que aqui são lembradas apenas para salientar que, entre a edição final de uma reportagem e aquilo que efetivamente chega à casa dos telespectadores, há a possibilidade de pequenos acidentes. Por isso, a existência de uma gravação da emissora, por mais confiável que ela seja, não é a garantia de que aquele documento que lá se encontra foi transmitido exatamente daquele modo.

Sem um arquivo de TV construído numa instituição pública, independente, aberta ao público em caráter permanente, em que todo o material seja gravado não a partir do que foi preparado para ir ao ar (não a partir da ilha de edição que prepara o material a ser depois transmitido), e sim a partir daquilo que foi recebido nos lares (os núcleos de recepção), não há como tirar a prova definitiva de dúvidas sobre o que foi de fato veiculado no passado.

Como o Brasil não dispõe dessa instituição, será muito difícil, doravante, contar a verdadeira história da TV no Brasil. Isso está posto, já há alguns anos, como um desafio considerável para o estudo histórico do que se passa não apenas na TV deste país, mas também no país de um modo geral. O Brasil é fundamentalmente integrado pela TV: a História do Brasil acontece ao vivo pela TV. Como não há um banco público das imagens de TV, a nossa história recente se compõe, basicamente, de palavras e imagens ao vento.

***

Por sorte, o debate em torno da reportagem sobre as Diretas Já exibida na edição do *Jornal Nacional* da noite de 25 de janeiro de 1984 é de simples solução. Podemos tomar como verdadeira a versão divulgada agora no artigo "A Globo não fez campanha; fez bom jornalismo", que isso não mudará o entendimento geral que se tem sobre aquele período.

O que está em meu livro é exatamente o que segue:

> No dia 25 de janeiro de 1984, o *Jornal Nacional* tapeou o telespectador. Mostrou cenas de uma manifestação pública na praça da Sé, em São Paulo, e disse que aquilo acontecia em virtude da comemoração do aniversário da cidade. A manifestação era real: lá estavam dezenas de milhares de cidadãos em frente a um palanque onde lideranças políticas discursavam. Mas o motivo que o *Jornal Nacional* atribuiu a ela não passava de invenção. Aquele comício nada tinha a ver com fundação de cidade alguma. A multidão estava lá para exigir eleições diretas para Presidência da República. *O Jornal Nacional* enganou o cidadão naquela noite – e prosseguiu enganando durante semanas a fio, ao omitir as informações sobre a campanha por eleições diretas. Para quem só se inteirasse dos acontecimentos pelos noticiários da Globo, a campanha das diretas não existia.[9]

Em que me baseei para escrever esse parágrafo? Em primeiro lugar, na minha memória, da qual não abro mão. Entre 1978

---

[9] *Sobre ética e imprensa*, cit., p. 29.

e 1984, eu era um telespectador pouco disciplinado, mas assíduo, e era também um militante político razoavelmente dedicado. Eu me lembro do que era a TV e do que era a Globo. E me lembro, também, das passeatas e dos comícios. Eu era um dos milhões que gritavam nas ruas: "O povo não é bobo, abaixo a Rede Globo!". Com justa razão: a Globo boicotava sistematicamente as ações públicas dos movimentos que clamavam pela democratização do país. Em segundo lugar, eu me baseei na documentação de que dispunha: um documentário inglês e alguns ensaios, pesquisas e artigos de autores que merecem crédito.

Eu já dispunha da chamada que foi lida pelo apresentador do *Jornal Nacional*, Marcos Hummel, na noite de 25 de janeiro de 1984: "Festa em São Paulo. A cidade comemora seus 430 anos em mais de 500 solenidades. A maior foi um comício na praça da Sé". A intenção de descaracterizar de cara o motivo do comício não poderia ser mais explícita. Segundo a chamada (lembremos que as chamadas, num telejornal, funcionam como títulos das reportagens), o que teve lugar na praça da Sé foi uma entre as "mais de 500 solenidades" que comemoraram o aniversário da cidade.

Eu dispunha ainda das primeiras frases lidas pelo repórter que cobriu a manifestação, Ernesto Paglia: "São Paulo, 430 anos, nove milhões de brasileiros vindos de todo o país. Cidade de trabalho. São Paulo fez feriado hoje para comemorar o aniversário. Foi também o aniversário do seu templo mais importante, a Catedral da Sé. De manhã, na missa, o cardeal arcebispo dom Paulo Evaristo Arns lembrou o importante papel da Catedral da Sé nesses 30 anos em que ela vive no coração da cidade."

A chamada de Marcos Hummel e o trecho citado da narração de Paglia podem ser vistos e ouvidos no documentário *Beyond Citizen Kane*, produzido e dirigido por Simon Hartog para o Channel Four, da Inglaterra, em 1992, e exibido naquele país em 1993. Eu não dispunha, quando escrevi o livro *Sobre ética e imprensa*, de uma cópia, em vídeo, da reportagem integral de Ernesto Paglia. Não conheço quem tivesse uma cópia.

Agora, enfim, podemos ler a íntegra da narração de Ernesto Paglia tal como ela nos foi revelada, mais de dezenove anos depois. É verdade que o artigo omite a chamada de Marcos Hummel. Apenas de passagem ele faz menção a ela, mas não a transcreve. Quanto à transcrição da fala de Ernesto Paglia, esta traz, de fato, o registro de que os presentes na praça da Sé pediam eleições diretas, mas esse pedido é tratado como se fosse uma excentricidade da multidão. Logo em seguida, Paglia diz que o ato público "não foi apenas uma manifestação política" e retoma o fio condutor original de sua narrativa, montada para descaracterizar o sentido político do evento. Vamos à transcrição:

> Repórter: "São Paulo, 430 anos, nove milhões de brasileiros vindos de todo o país. Cidade de trabalho. São Paulo fez feriado hoje para comemorar o aniversário. Foi também o aniversário do seu templo mais importante, a Catedral da Sé. De manhã, na missa, o cardeal arcebispo dom Paulo Evaristo Arns lembrou o importante papel da Catedral da Sé nesses 30 anos em que ela vive no coração da cidade".
>
> Dom Paulo: "Nessa igreja se promoveu praticamente a libertação de um povo que quer manifestar-se como povo. Eu acho que isso é fundamental para uma igreja mãe que é tratada com tanto carinho".
>
> Repórter: "E junto com a cidade aniversariou também hoje a Universidade de São Paulo. A USP completou 50 anos de existência. A ministra da Educação, Esther de Figueiredo Ferraz, foi à USP hoje. Ela falou da importância da Universidade com suas 33 faculdades e 45 mil alunos e assistiu a uma inesperada manifestação de estudantes e funcionários. Eles tomaram o anfiteatro com faixas e cartazes e pediram verbas para a educação, eleições diretas para reitor e para presidente da República. Mas à tarde

> milhares de pessoas vieram ao Centro de São Paulo para, na praça da Sé, se reunir num comício em que pediam eleições diretas para presidente. Não foi apenas uma manifestação política. Na abertura, música, um frevo do cantor Moraes Moreira. A praça da Sé e todas as ruas vizinhas estão lotadas. No palanque mais de 400 pessoas, deputados, prefeitos e muitos artistas, Christiane Torloni, Regina Duarte, Irene Ravache, Chico Buarque, Milton Gonçalves, Esther Góes, Bruna Lombardi, Alceu Valença, Fernanda Montenegro, Gilberto Gil. A chuva não afasta o povo. Os oradores se sucedem no palanque e ninguém arreda pé. O radialista Osmar Santos apresenta os oradores. O governador de S. Paulo, Franco Montoro, fez o discurso de encerramento".
>
> Franco Montoro: "Um dos passos na luta da democracia. Houve a anistia, houve a censura, o fim da tortura; mas é preciso conquistar o fundo do poder que é a Presidência da República".

Seis constatações são inevitáveis após uma leitura atenta da fala do repórter e da chamada lida por Marcos Hummel ("Festa em São Paulo. A cidade comemora seus 430 anos em mais de 500 solenidades. A maior foi um comício na praça da Sé"):

1. O *Jornal Nacional* mentiu expressamente ao afirmar, na chamada, que o ato da Sé aconteceu para celebrar o aniversário da cidade.

2. O *Jornal Nacional* sonegou ao público a origem da manifestação. Sonegou ao público o fato – notório, na época – de que o ato de São Paulo fazia parte de uma campanha nacional por eleições diretas. Sonegou ao público que essa campanha era liderada publicamente pelos principais expoentes da oposição, como Lula, Brizola, Montoro, Quércia, Ulysses Guimarães, entre outros, e que, de modo seqüenciado, os comícios eram realizados nas maiores cidades brasileiras.

3. A reivindicação das diretas surge na narração de Ernesto Paglia como um dado marginal, uma excentricidade vinda do nada em meio às festividades dos 430 anos da capital paulista,

dos trinta anos da Catedral da Sé e dos cinqüenta anos da USP. Aí, a bandeira das diretas para presidente soa como um evento tão surpreendente como os pedidos de mais verbas para a educação ou de eleições diretas para reitor, pedidos que são qualificados como "uma inesperada manifestação". Se o repórter citou mesmo as diretas, só o fez para melhor ocultá-las, para reduzi-las a uma esquisitice sem articulação nacional e fora de contexto.

4. O tom dominante é o de enfatizar um suposto caráter festivo do encontro na Sé. Tanto que, no relato do telejornal, cantores, ídolos populares e artistas são mais numerosos, expressivos e importantes que os políticos.

5. O resultado mais confunde que esclarece o telespectador. A desorientação aumenta ao final, quando é reproduzido um trecho do discurso de Franco Montoro, no qual não há referência à bandeira política das Diretas Já, que unificava a multidão. Em lugar disso, o trecho escolhido é um em que Montoro fala em "conquistar a presidência da República". Fica no ar a impressão obscura de que alguém ali estaria se candidatando ao mais alto cargo da República e de que seria esse o objetivo do comício. Não há como extrair do texto a informação segura de que todos se manifestavam apenas e exclusivamente para exigir eleições diretas para presidente da República, Diretas Já, independentemente de quem fosse o escolhido. Não há como extrair do texto a informação de que aquilo não tinha nada a ver com o aniversário de São Paulo. Ao contrário, diz-se expressamente que foi em comemoração ao aniversário da cidade que o comício aconteceu.

6. A transcrição da reportagem é uma pequena aula de desinformação. Naquela noite o *Jornal Nacional*, mesmo que tenha citado as diretas, não informou sobre a campanha de massas que estava em marcha no Brasil. O *Jornal Nacional* diluiu a razão de ser do ato público da praça da Sé e chegou a dizer que ele "não foi apenas uma manifestação política". Na-

quela noite, é preciso repetir, o *Jornal Nacional* tapeou o telespectador. E, agora, a mais recente prova disso é a transcrição divulgada em 2003.

***

O historiador inglês John Vincent, também jornalista, é um dos que vêm alertando para o problema da pesquisa histórica em um mundo que aboliu os documentos de papel, ou melhor, um mundo em que os fatos acontecem e são registrados em processos eletrônicos que prescindem do papel. Independentemente de suas extrações ideológicas, de suas preferências partidárias ou de suas filiações intelectuais, vários analistas detectam o mesmo fenômeno. Citemos aqui o que diz John Vincent:

> Se pode haver História sob a realidade eletrônica que se estabelece a partir do final do século XX é algo que ainda está por ser visto. A única certeza que podemos ter é que essa História será bastante diferente do estudo histórico da pós-Renascença (...). O estudo baseado na palavra escrita não pode sobreviver à marginalização do papel. Podemos estar no limiar de uma nova pré-História e, aí, a era do conhecimento sério e detalhado do passado terá sido apenas um feliz interlúdio. Comunicação eletrônica significa não-História.[10]

Diante disso, como escrever a história da televisão no Brasil? Mais ainda: como escrever a História do Brasil a partir do período em que os fatos passaram a ser mediados pela televisão? Como reavaliar a história que as novas gerações conseguem reter em suas retinas, em sua memória humana, se não há documentos que sirvam de comprovação dessa história para

---

[10] John Vincent, "An intelligent person's guide to History" (Londres, Duckworth, 1995), p. 7-8. A tradução, com percalços eventuais, é de minha responsabilidade.

as gerações futuras? Se não temos cópias em vídeo de tudo o que os lares receberam de sinais de TV, cópias autênticas, gravadas nos núcleos de recepção, como faremos para documentar a nossa História? Poderão os historiadores do futuro saber aquilo que a televisão veiculava ou não veiculava, assim como os historiadores de hoje podem saber o que os periódicos do passado publicavam ou deixavam de publicar?

É paradoxal, mas, numa situação assim, a memória humana, falível, sujeita às intempéries inconscientes, readquire um valor que só encontra paralelo nas comunidades de tradições orais. Hoje somos capazes de saber que a Globo boicotou a campanha das diretas porque vivemos aquele período e sabemos que foi isso o que se passou. Mas e depois? Como será possível conseguir que os nossos netos tenham notícia segura disso? Quando a nossa memória humana e viva se dispersar pelas décadas que virão, quem é que contará a história das décadas televisivas que já se foram?

***

A televisão é um organismo: "vive" como um organismo. Enquanto fabrica e difunde ficção para o consumo, a TV reinstaura o seu lugar no passado afetivo de cada espectador. À medida que reporta os acontecimentos presentes, renegocia seu lugar dentro do passado factual. Dia a dia, reescreve a sua própria história, valendo-se de recursos que mesclam jornalismo e ficção. Trata-se de um procedimento automático e natural do organismo, que independe de manipulações ou de intenções. Trata-se, em poucas palavras, de um procedimento ideológico, ideológico em seu melhor sentido, aquele que tem lugar num plano situado além do alcance das intenções e das vontades dos agentes. Vivemos numa era em que a História (ou a nova "pré-história", como sugere Vincent) entra numa era em que ela é refeita no ritmo do espetáculo – não mais no ritmo da investigação científica. A televisão não cessa, por sua própria natureza, de reciclar o legado histórico, transformando-o. A exemplo do que acontece com a notícia, com a publicidade, com o entretenimento em geral, a História passou a fazer parte do *show* cotidiano da TV.

Sabemos todos que, em qualquer época, a História nunca foi nem será um relato imutável. Ela é um discurso inacabado e em permanente reelaboração. A História é também uma invenção social: *vide* as identidades nacionais, todas construções ideológicas, que lançam mão de fatos ditos "históricos", tomados como verdades "científicas", para se legitimar. A novidade com a qual somos forçados a trabalhar, a partir do final do século XX, é que a História deixa de ser um discurso que se reescreve a partir do exercício da pesquisa em bases mais ou menos racionais e se converte num discurso passível da reprodutibilidade técnica. A expressão "reprodutibilidade técnica" é aqui tomada emprestada a Walter Benjamin, que tratou dela em relação à obra de arte, num ensaio célebre de 1936[11]. No caso da arte, a reprodutibilidade técnica é aquela que ocorre sem que seja necessária a participação do artista: é um processo puramente fabril, alienado, impessoal; sai de cena a tela pintada a óleo, única, e entram em cena a fotografia, os filmes, os discos, todos produzidos em série. No caso da História, tratase de um modo de produção da memória social que passa longe da mão e da cabeça do historiador. O relato histórico vai se convertendo em passatempo da platéia. É a reprodutibilidade apartada do pensamento.

Agora, a História se reproduz pela mesma máquina de comunicação eletrônica que está socialmente encarregada de registrar

---

[11] "A obra de arte na era de sua reprodutibilidade técnica." Este ensaio foi publicado no Brasil em algumas edições diferentes. Uso a da Editora Brasiliense, de São Paulo, *Obras escolhidas*, em três volumes. O ensaio está no volume 1 da coleção "Magia e Técnica, Arte e Política", 7. ed., 1994.

os acontecimentos imediatos e de promover o entretenimento; ela se reproduz não segundo os parâmetros da historiografia, mas segundo as leis que ordenam o espetáculo – fundindo fato e ficção –; ela se reproduz segundo o modo de produção das imagens voltadas para o consumo e para o gozo.

A História é processada e reprocessada a quente na tela da TV. A propósito: o *slogan* da CNN costumava ser uma pergunta: "Onde é que você vai estar da próxima vez que a História acontecer?" Resposta "correta": diante da TV. É na TV que a História acontece. É também na TV que ela se reproduz.

***

Em seu ensaio, Benjamin já anotava: "Fazer as coisas 'ficarem mais próximas' é uma preocupação tão apaixonada das massas modernas como sua tendência a superar o caráter único de todos os fatos através de sua reprodutibilidade"[12]. Benjamin fala *na reprodutibilidade dos fatos* como a via para o desaparecimento do caráter único desses mesmos fatos: os fatos se replicam; o original se perde. Trata-se da mesma via que contribui para o esvaziamento da aura da obra de arte – a aura que, para Benjamin, era "uma figura singular, composta de elementos espaciais e temporais: a aparição única de uma coisa distante, por mais perto que ela esteja"[13].

A reprodutibilidade técnica dilui a aura da obra de arte, assim como separa a aura da própria obra: dilui porque, deixando de ser única, replicada em incontáveis exemplares, a obra de arte se reproduz a ponto de anular aquilo que teria sido a sua aura inicial, indivisível, singular; e separa (jogando a aura para um lado e a obra para outro) porque pode haver a obra sem aura, como a indústria cultural deixaria patente nos

---

12 "Magia e Técnica, Arte e Política", cit., p. 170.

13 Ibidem, p. 170.

anos 1940, e também porque pode haver, como o espetáculo revelaria na segunda metade do século XX, a fabricação da aura artificial no imaginário sem que a obra exista. A imagem da mercadoria é isto: aura artificial sem obra original. A marca de mercadoria lhe serve de aura sintética. É como imagem (aura ou fetiche) que a mercadoria circula. Do mesmo modo, é como imagem que os fatos ganham visibilidade e se reproduzem indefinidamente. Por fim, é como imagem que a História acontece e se reproduz. A História ganha ares (e auras industrializadas) de objeto estético de consumo de massa.

Adorno e Horkheimer observariam, logo nos anos 1940, a possibilidade da produção técnica da "superfície da realidade social". Como tudo precisa se traduzir em imagem para adquirir a condição de existência, ou seja, como algo só é considerado existente quando se torna algo visível e, mais que tudo, visível não em qualquer lugar, mas visível na TV, a fabricação pela TV e na TV das imagens de todas as coisas acaba se confundindo com a fabricação da própria realidade. A "superfície da realidade social" pode assim ser entendida: ela é o manto de imagens que recobre e oculta a própria realidade social – e esta, sob o manto das imagens, já não é mais visível. As palavras de Adorno e Horkheimer, escritas enquanto a televisão ainda estava nascendo, vêm a calhar:

> A televisão visa uma síntese do rádio e do cinema, que é retardada enquanto os interessados não se põem de acordo, mas cujas possibilidades ilimitadas prometem aumentar o empobrecimento dos materiais estéticos a tal ponto que a identidade mal disfarçada dos produtores da indústria cultural pode vir a triunfar abertamente já amanhã – numa realização escarninha do sonho wagneriano da obra de arte total. A harmonização da palavra, da imagem e da música logra um êxito mais perfeito do que no "Tristão", porque os elementos sensíveis – que registram sem protestos, todos eles, a superfície da realidade social – são em

princípio produzidos pelo mesmo processo técnico e exprimem sua unidade como seu verdadeiro conteúdo.[14]

Pois é justamente essa possibilidade material da produção técnica da "superfície da realidade social" que abre campo para a reprodutibilidade técnica da História, além da reprodutibilidade técnica da arte e dos próprios fatos. Passado e presente passam a compor a paisagem do entretenimento. "A Nova Ordem Mundial é disneica", iria dizer mais tarde Jean Baudrillard:

> O virtual compra o real a preço baixo e o expele tal qual, em forma de *prêt-à-porter*. (...) A própria realidade, o próprio mundo, com toda a sua atividade frenética de clones, já se transformou em *performance* interativa, em uma espécie de Luna Park das ideologias, das técnicas, do saber e até mesmo da destruição – tudo isso para ser clonado e ressuscitado num museu infantil da imaginação, num museu virtual da imaginação.[15]

A TV é o centro nervoso desse museu virtual.

***

Isso pode ser sentido na tela da Globo. Quero recuperar aqui três episódios: a entrevista de Luiz Inácio Lula da Silva ao *Fantástico* no domingo em que ele venceu o segundo turno das eleições de 2002; o discurso contra a ditadura militar veiculado no programa *Contagem Regressiva*, em 1995; e, por fim, o lançamento em DVD da série *Anos Rebeldes*, exibida originalmente na Globo em 1992[16].

---

[14] "A indústria cultural: o esclarecimento como mistificação das massas", em *Dialética do esclarecimento* (Rio de Janeiro, Zahar, 1985), p. 116-7.

[15] Artigo para o jornal francês *Libération*, traduzido no Brasil pelo caderno Mais! da *Folha de S.Paulo* em 9 fev. 1997.

[16] Eu quis rever alguns desses programas e, em novembro de 2003, as fitas me foram cedidas pelo Centro de Documentação da Rede Globo,

Comecemos pelo que se passou no domingo de 27 de outubro de 2002, quando Luiz Inácio Lula da Silva se sagrou vencedor do segundo turno das eleições presidenciais[17]. Imediatamente após seu primeiro pronunciamento como presidente eleito, transmitido ao vivo por várias emissoras de TV, Lula deu uma entrevista exclusiva para a telerrevista dominical da Globo, o *Fantástico*. Ele estava num hotel em São Paulo, próximo da avenida Paulista. Em linha direta com o programa, viu, junto com os telespectadores, as declarações de Armando Panichi Filho, um dos dois policiais que o vigiaram durante os 31 dias que ele passou na prisão em 1980. Panichi Filho, entre compungido e constrangido, disse que apenas cumpria ordens, que jamais maltratou o então dirigente sindical encarcerado e que até providenciou um televisor para que ele visse um jogo do Corinthians. O público pôde acompanhar minuto a minuto as reações do novo presidente diante do depoimento do policial. Ele guardaria rancor? Pediria vingança? Não. Lula garantiu: "Sem mágoas". O clima de congraçamento nacional, tão intenso naquele domingo de eleições, ganhou o tom de anistia, ou melhor, de perdão.

Ao trazer Lula para dentro de seu próprio formato, ao "engolir" Lula, o *Fantástico* recondicionou a memória nacional. Imagens que até então eram banidas da TV viraram a iconografia oficial da História do Brasil. A Globo mostrou as cenas do ABC nos anos 1980, com greves, prisões, passeatas, protestos. Mostrou como História episódios que, na época, ela mesma omitia em seu noticiário. Mostrou as assembléias, tudo. Só não mostrou, nem mencionou, os protestos que ela mesma, Globo, merecia dos operários em greve. Não mostrou, nem

---

bem como a fita com a reportagem sobre o Comício das Diretas de 1984 no *Jornal Nacional*.

17 Eu mesmo registrei o acontecido na coluna semanal que mantive no *Jornal do Brasil*. Ver, na edição de 31 de outubro do "Caderno B", o artigo com o título de "O passado que convém".

mencionou, qual foi sua atuação para a permanência da ditadura que prendeu Lula e tantos outros. Ela trouxe à tela o carcereiro, que saiu perdoado, mas continuou ocultando a si mesma. A História se reproduziu, ali, como se fosse melodrama em *happy end*, como se o perdão amplo, geral e irrestrito ao policial incluísse o esquecimento amplo, geral e irrestrito da culpa do narrador que, no passado, sustentava a ditadura.

Não foi a primeira vez que isso aconteceu. Antes desse *Fantástico* de 2002, um outro programa da Globo, chamado *Contagem Regressiva*, destacou-se pela mesma tentativa. É o segundo episódio que eu gostaria de recuperar.

Contagem Regressiva, exibida ao longo de uma semana em junho de 1995, foi uma série comemorativa dos trinta anos da Rede Globo. Ia ao ar pouco depois das dez da noite. Recapitulava os principais acontecimentos históricos que aconteceram entre 1965 e 1995, num agradável e emocionante passeio pela história do período.

Contagem Regressiva não era apenas um programa jornalístico. Abertamente e veladamente, misturava jornalismo e ficção. Abertamente porque, entre os blocos de imagens documentais dos momentos mais marcantes das décadas de 60, 70, 80 e 90, entravam cenas breves de famílias fictícias (interpretadas por atores globais), que acompanhavam a mudança dos tempos pela TV. O telespectador que via *Contagem Regressiva* tinha diante de si uma recapitulação de fatos reais – uma narração factual – entremeada de pitadas de ficção, com cenas gravadas em estúdios e personagens fictícios. A recapitulação factual ocupava a maior parte da série; as cenas de ficção apenas serviam de pontuação, de divisão entre os grandes blocos. Tinham uma função precisa na arquitetura do programa: registrar a evolução dos costumes e da centralidade da televisão dentro dos lares ao longo das três décadas, que eram o tema da recapitulação. Essa evolução vinha à tela de modo bastante óbvio:

alguns dos personagens fictícios eram caracterizados em vestes e ambientes dos anos 1960, diante de televisores antigos, em preto-e-branco; em seguida, vinham os ambientes e as roupas dos anos 1970, e assim por diante. A ficção servia de relógio para a História. Procurava-se, assim, apresentar um jornalismo tão envolvente e tão íntimo quanto um final de novela, de tal maneira que a História do mundo passasse a fazer parte do álbum de família do telespectador.

Até aí, *Contagem Regressiva* conseguia uma separação formal, bem nítida, entre o que era realidade e o que era invenção. Ficava bem claro o que era um ator dentro de um quadro "de mentirinha" e o que era uma velha cobertura jornalística que surgia em *flash back*. Mas o embaralhamento entre fato e ficção não ficava só nisso. Além desses blocos de imagens documentais e intercalados a imagens de ficção, separadas claramente, *Contagem Regressiva* misturava drama e realidade também de modo velado. E assim, veladamente, dramatizava a realidade e a própria História.

Destaco dois aspectos dessa dramatização em *Contagem Regressiva*. Primeiro, a dramatização produzida pelas imagens. A retrospectiva que se via era menos dos fatos e mais daquilo que a TV havia transformado em espetáculo a partir do registro dos fatos. É como se a realidade só alcançasse o estatuto de acontecimento histórico, digno de ser lembrado depois, se entrasse na TV com tintas sentimentais. Portanto, não havia em *Contagem Regressiva* uma narrativa histórica propriamente, mas um turbilhão das imagens espetaculares que eram o registro de alguns fatos passados – mas não de todos e muito menos dos mais determinantes. Os fatos, portanto, não eram os fatos, mas as imagens dramatizadas (porque espetacularizadas) dos fatos – ali estavam as imagens dos fatos dispostas numa ordem meramente sentimental, não hierarquizadas, sem um encadeamento lógico que é próprio do relato histórico. Nesse sentido, a TV, em *Contagem Regressiva*, funcionou como o buraco da agulha por onde passava a História da humanidade: passavam as fotos, mas não passavam as idéias, o pensamento. Na história tal como ela é narrada, ou liquefeita, pela TV, um fato que não tiver gerado imagens berrantes será apenas o nada, será o não-acontecimento, algo para sempre esquecido ou, mais que isso, algo nunca existente. Por isso, a história feita pelas imagens de TV é no mínimo uma história do aparente, ou do ostensivo, uma história parcial e, mais ainda, uma história dramatizada pela força do vídeo. E essa dramatização, ou essa ficcionalização, se é que existe essa palavra, ocorre de modo velado no discurso imagético da televisão.

Em segundo lugar, houve, em *Contagem Regressiva*, a dramatização do discurso falado pelos apresentadores, o discurso noticioso-ideológico. Nesse discurso, a queda do muro de Berlim emergia da tela como a ideologia definitiva, proclamando o fim espetacular de todas as tiranias, em todos os pontos do planeta. Simples assim: antes da queda do muro, havia os totalitarismos e os ditadores de esquerda e de direita. Depois da queda do muro, como num passe de melodrama, como se fosse depois do beijo do príncipe sobre os lábios adormecidos da moça pobre, todas as tiranias foram revogadas. A humanidade seria feliz para sempre. Ditaduras do Leste europeu, ditaduras da América do Sul – todas ficaram para trás no discurso falado de *Contagem Regressiva*. E aí também a televisão funde realidade e ficção de modo velado.

Sabe-se, contudo e infelizmente, que houve uma ditadura militar no Brasil. Como *Contagem Regressiva* lidaria com esse dado histórico, no momento em que todas as ditaduras de todos os continentes deixaram de assombrar todos os mortais? Foi inesquecível o texto lido por Renato Machado sobre o caso brasileiro. "Existia uma ditadura militar no Brasil", avisava o apresentador. "E ela durou o tempo que durou, vinte anos, porque impôs a censura às redações." Inflamado, panfletário mesmo, o texto poderia estar num jornal alternativo dos anos 1970. A tirania da ditadura brasileira, já extinta, e a tirania dos países socialistas, em desmantelamento, passavam a figurar no museu animado de *Contagem Regressiva*. Todas passadas. A denúncia quase raivosa de Renato Machado alvejava a ditadura brasileira em tons heróicos – mas, paradoxalmente, esse inimigo já não estava ali para sentir os golpes das palavras do apresentador, pois esse inimigo era perigo extinto. Afinal, de acordo com a nova ideologia proclamada por *Contagem Regressiva*, o muro de Berlim já tinha vindo abaixo, junto com todas as tiranias. Aquele discurso quase guerrilheiro era um cavaleiro andante perseguindo moinhos de vento virtuais.

Por fim, havia, ali, naquela série comemorativa da Globo, um contra-senso mais grave, o que nos interessa mais de perto: se a História, em *Contagem Regressiva*, era aquilo que havia sido exibido na TV, e se a TV jamais noticiara a tirania brasileira durante o tempo em que essa tirania existiu, como é que a ditadura poderia fazer parte daquela retrospectiva sentimental? Ora, nenhum brasileiro viu a violência do regime militar, enquanto ela acontecia de verdade, pelo jornalismo da TV dos tempos da ditadura. A TV não mostrava a ditadura. Mas, na História remontada pela Globo, lá estava ela, a ditadura extinta.

Ficava para o telespectador a sensação de que a Globo tinha, sim, noticiado a ditadura durante a ditadura. Sem nunca ter entrado na Globo como notícia, a ditadura entrou para a memória das notícias veiculadas pela Globo.

Passemos agora ao terceiro episódio que, penso eu, devemos relembrar. Em 2003, a Globo Vídeo lançou em DVD uma versão compacta da minissérie *Anos Rebeldes*, exibida originalmente na Globo em 1992. Escrita por Gilberto Braga, ela contava a história fictícia (mas baseada em fatos reais) de jovens guerrilheiros que combateram a ditadura durante os piores anos da repressão. Como peça de melodrama, denunciava a violência do regime, sem jamais tocar na cumplicidade silente com que a televisão e, sobretudo, a Globo homenagearam essa violência.

Aquele ano, 1992, foi também o ano do *impeachment* de Fernando Collor. Também ali, os telejornais da Rede Globo foram bastante cautelosos na cobertura. Não obstante, já em 1992 houve quem associasse a exibição da minissérie ao engajamento da juventude na campanha de rua que exigia a cassação do presidente. *Anos Rebeldes* teria sido uma campanha mais ou menos subliminar pró-*impeachment*. Pois agora, ao lançar o DVD, a Globo Vídeo trouxe o seguinte texto na contracapa do produto. É uma peça que vale a pena ler de novo:

> E se o golpe militar de 64 não tivesse acontecido? E se a revolução sexual não estourasse? E se não existisse o Cinema Novo, a era dos Festivais e o Teatro Opinião? E se não houvesse um mundo dividido entre direita e esquerda? E se rótulos como alienado, engajado, revolucionário e reacionário jamais tivessem tido peso? E se os *hippies* não começassem a usar calça *jeans*? E se a individualista Maria Lúcia jamais se apaixonasse pelo idealista João? E se a doce burguesa Heloísa não partisse para a luta armada? E se uma certa minissérie não fosse exibida em 1992, no momento em que os estudantes pintavam a cara para pedir pelo *impeachment* do presidente Fernando Collor?

Sutilmente, o texto promocional põe a Globo de um lado que, na época, não foi o lado que a Globo escolheu ficar. Em 1992, o seu telejornalismo nacional demorou a entrar na cobertura das passeatas antiCollor com o peso que a campanha merecia. Fora isso, a tese de que *Anos Rebeldes* tenha animado, de propósito, o movimento da juventude nas ruas é bastante discutível. No mínimo. Considerando-se o longo tempo de preparação que requer uma produção desse porte e o modo relativamente rápido como o *impeachment* se precipitou (a revista *Veja* com a reportagem "Pedro Collor conta tudo", que marcou a virada da opinião pública nacional contra o presidente, chegou às bancas no dia 23 de maio de 1992, um sábado, e Collor foi afastado do posto no dia 2 de outubro), a hipótese não se sustenta. *Anos Rebeldes* estreou no dia 14 de julho e seguiu até meados de agosto. É bastante improvável que a sua exibição tenha sido orquestrada por um cérebro "do bem" que desejasse derrubar o chefe do Executivo.

Claro que sempre há diálogos e influências recíprocas entre a tela da TV e os movimentos da chamada realidade, mas isso não significa que esse diálogo em especial tenha sido premeditado ou especialmente decisivo. A televisão, que não teve poder para impedir a queda da ditadura ou para abortar o movimento das Diretas Já, não teve poderes subliminares de derrubar Collor. Mesmo assim, o texto da contracapa do DVD de *Anos Rebeldes* insinua essa associação.

***

A ditadura militar vem se tornando um tema recorrente na Globo. Quando foi exibido o capítulo final da novela *Mulheres apaixonadas*, uma sexta-feira, 10 de outubro de 2003, o *Globo Repórter* deixou um pouco de lado o mundo animal e se dedicou a narrar a história das telenovela brasileira. Ouviram-se outra vez referências à ditadura, com o propósito de realçar o mérito dos autores da Globo em enfrentar o obscurantismo governamental. Por exemplo: "No tempo em que as palavras eram proibidas, as imagens de um Brasil fantástico driblavam a censura". Há que se reconhecer que os autores de novelas da Globo desafiaram corajosamente os censores. Mas há que se saber, também, que o jornalismo da Globo primou pela obediência solícita durante o mesmo período – e isso nunca é lembrado.

Um mês e meio depois desse *Globo Repórter*, já em 27 de novembro de 2003, outra vez a ditadura entrou na ordem do dia. O programa *Linha Direta* tomou por tema a saga da estilista de moda Zuzu Angel, mãe de Stuart Angel Jones, militante do MR-8, que morreu torturado em 1971. Zuzu lutou até o fim para saber o paradeiro do corpo de seu filho. Fracassou. Foi assassinada em 1976 num atentado que se fez passar por acidente de automóvel.

Voltado quase sempre à encenação circense de casos policiais, *Linha Direta* revelou, naquela quinta-feira, uma fórmula curiosa, em que o sensacionalismo se põe a serviço dos direitos humanos. O tom combativo, inflamado, acusatório, que denunciava o golpe militar (com essas palavras exatas) dos militares em 1964, é anacrônico e, por isso, inócuo. Deveria ter ido ao ar trinta anos antes. Agora, é apenas espetaculoso e apelativo.

Em nenhuma passagem, nem o *Globo Repórter* das novelas nem o *Linha Direta* de Zuzu Angel fizeram lembrar que o regime dos censores e criminosos mereceu, durante toda a sua vigência, o apoio incondicional do jornalismo da Rede Globo. Talvez esse não fosse o tema dos programas, é verdade. Mas o fato é que, de ocultamento em ocultamento, vai se produzindo o esquecimento. Não acredito que se trate de um projeto planejado de reescritura do passado. Acredito apenas que está em curso um movimento objetivo, mesmo que involuntário, que insiste em lembrar os horrores da ditadura, em tons sentimentais, melodramáticos, e esquecer que ela se estruturou como força ideológica a partir da função exercida pela televisão.

Sim, a TV é um organismo e, como se fosse gente, produz e reproduz de modo inconsciente suas lembranças encobridoras.

***

O artigo "A Globo não fez campanha; fez bom jornalismo" talvez não deva ser atribuído a esse movimento difuso e, insisto, não premeditado. Seu autor é um jornalista competente e respeitado. Tenho a convicção de que ele escreveu o que escreveu motivado pelos mais altos valores da nossa profissão. Apenas divirjo da avaliação que ele faz – e é nessa condição, respeitosa, que me manifesto.

Naquele primeiro semestre de 1984, a Globo ofereceu ao país um jornalismo de má qualidade. Ela não precisaria ter feito campanha em prol das Diretas; bastava não ter feito campanha contra, e ela fez. Assim como fez outras campanhas contra as causas democráticas: campanha contra as greves do ABC no final dos anos 1970, campanha para eleger Fernando Collor em 1989 e, por anos seguidos, campanhas promocionais para louvar a ditadura militar. Todas essas campanhas aconteceram sob o disfarce de bom jornalismo, foram veiculadas como se nada mais fossem que informação isenta.

O jornalismo deve procurar apresentar-se como um relato equilibrado e eqüidistante, por certo. Mas esse equilíbrio pressupõe a vigência do Estado de Direito. Sob uma ditadura, esse equilíbrio, por ser impossível, pode surgir como falsificação, servindo de máscara para a impostura. Entre a tirania e a democracia, o jornalismo não fica num ponto pretensamente neutro, nem pode ficar: ele tem o dever de defender a democracia contra a tirania. Quando as liberdades democráticas estão ameaçadas, o jornalismo assume o lado da defesa do Estado de Direito. O jornalismo só é viável como prática social dentro da democracia, ou lutando pela democracia; longe da democracia ele tende a fenecer. Quando as liberdades são tolhidas, o jornalismo já não mais pode ser apartidário: assume o partido da liberdade. Aí, a sua única via de sobrevivência é o combate em legítima defesa, um combate que se trava a contragosto, a contrapêlo, na contramão.

Durante o período da ditadura, ao se proteger na postura de observadora "neutra", a Globo combateu do lado errado. Agora, como se quisesse se explicar de modo tortuoso, oferece-nos um quadro distorcido do passado. De olho na tela da Globo, altar por excelência da História tecnicamente reproduzida, a gente olha para o passado e, às vezes, vê apenas o que existiu como espetáculo. Quanto ao que existiu de fato na escuridão da ditadura, a gente olha, olha, olha e a tela da Globo é um muro.

AINDA SOB O SIGNO DA GLOBO

Eugênio Bucci

Este artigo é o prolongamento de um longo ensaio de Maria Rita Kehl[1] sobre a Rede Globo, escrito há quase vinte anos. Publicado em 1986, no livro *Um país no ar*, "Eu vi um Brasil na TV" lançou hipóteses que inspiraram e balizaram a minha própria produção crítica nos anos subseqüentes. Agora, ao escrever sobre o significado (ou o signo) da presença da Globo no (ou sobre o) Brasil, atualizando o antigo tema de Maria Rita, faço apenas a continuação do estudo pioneiro que ela realizou.

***

A partir do final dos anos 1980, a Globo já era citada como uma das cinco maiores redes de televisão privada do mundo[2]. Nascida em 1965, ela se tornou, nas décadas de 80 e 90, uma presença ubíqua, ininterrupta, totalizante na vida dos brasileiros. Não raro, é objeto de análises que a mistificam – à direita e à esquerda, a favor ou contra. A interferência exercida por ela e pelos seus donos, direta ou indiretamente, em vários episó-

---

1 "Eu vi um Brasil na TV", em Alcir Henrique da Costa, Maria Rita Kehl e Inimá Simões, *Um país no ar* (São Paulo, Brasiliense, 1986).

2 Ver, entre outros, Howard J. Blumenthal e Oliver R. Goodenoug, *This business of television* (New York, Billboard Books, 1991), p. 391.

dios da história política recente no país, confere-lhe uma aura de "quarto poder", que às vezes ultrapassaria e subjugaria os outros três. Vê-la assim, contudo, é cair numa simplificação que termina por ocultar sua complexidade e suas dimensões de largo e sinuoso alcance no mundo da cultura e no espaço público. Na verdade, a Globo exerce – e esse é o verbo, exerce – uma centralidade no espaço público nacional no Brasil, um espaço mediado hegemonicamente pela televisão, e essa centralidade ainda está por ser compreendida.

A centralidade de que falo aqui permanece, se não intacta, viva, bem viva, desde os anos 1970. É verdade que se pode falar em declínios ou pequenos abalos, durante essas décadas, da liderança da Globo no que se refere à audiência. Ao longo dos anos 1990, ela andou perdendo fatias de público para emissoras concorrentes. Também é verdade que, juntamente com todas as empresas de mídia no Brasil, a Globo passou a carregar, agora, na virada do século, uma dívida financeira pesada demais, acumulando prejuízos de monta, mas sua centralidade permanece. Um dos esforços deste artigo é exatamente o de investigar as raízes dessa centralidade e de sustentar a hipótese de que a Rede Globo dispõe da prerrogativa de prestar-se não exatamente como um meio de comunicação, mas como um lugar, um *topos* nuclear em que a sociedade brasileira elabora seus consensos e equaciona seus dissensos. A Globo é, por assim dizer, um palco do espaço público que ela mesma delimita. Ela soube forjar uma gramática universalizante através da combinação do melodrama (a novela) com o telejornal, num repertório dinâmico em que a nacionalidade se reconhece e se reelabora.

Ao longo deste artigo, retomarei idéias que já foram trabalhadas por mim em outras publicações. Penso que essa repetição, porém, pode ser justificada pelo propósito de expor aqui um painel concentrado sobre o tema.

A construção do espaço público nacional como um campo mediado pela televisão

Para que se visualize, ainda que de modo superficial, como a televisão se sobrepôs ao espaço público brasileiro, rearticulando-o em outro patamar, faz-se necessário retomar o processo de formação da televisão no Brasil recente e as especificidades históricas que conferiram à Globo o lugar que ela ocupa. A trajetória da televisão se confunde, ou se mistura, com a história política do país a partir de 1960. Vale a pena tentar aqui uma síntese dessa evolução, ainda que ela já seja conhecida.

A televisão é hoje o veículo que identifica o Brasil para o Brasil, como bem demonstrou Maria Rita Kehl em "Eu vi um Brasil na TV". Tire a TV de dentro do Brasil e o Brasil desaparece, ou seja, *a representação que o Brasil faz de si mesmo praticamente é desligada*. A TV une e iguala, no plano do imaginário, um país cuja realidade é constituída de contrastes, conflitos e contradições violentas. A TV conseguiu produzir a unidade imaginária onde só havia disparidades materiais. Sem tal unidade, o Brasil não se reconheceria Brasil. Ou, pelo menos, não se reconheceria como o Brasil que tem sido.

Por sobre a desigualdade social, a formação da TV brasileira tal como hoje a conhecemos se deu por obra do autoritarismo de Estado, que vigorou na forma de uma ditadura militar entre 1964 e 1985. Nascida na noite de 18 de setembro de 1950, quando foi ao ar a primeira transmissão ao vivo da Tupi, em São Paulo, a televisão brasileira só foi descobrir a própria vocação sob o jugo militar. Só na década de 1970 ela assumiu a missão de integrar a nacionalidade – missão que lhe foi confiada pelo governo. A integração nacional, que estava entre as prioridades do Estado, foi uma demanda lógica e expressa do que, na época, ficou conhecido como a Doutrina de Segurança Nacional. Em seu ensaio, Maria Rita analisa o projeto de integrar a nacionalidade sob a égide da Doutrina de Segurança Nacional e lembra o Plano Nacional de Cultura, de 1976, em que se afirmava que a política cultural deveria estar "entrelaçada com as políticas de segurança e desenvolvimento"[3]. Foi por aí que a televisão encontrou seu caminho.

Segundo aquele ideário, o território brasileiro, para estar a salvo das influências subversivas dos inimigos externos e internos (os militantes comunistas), precisava estar inteiramente sob controle de um veículo de comunicação abrangente, onipresente, forte e unificador. Para tanto, o Estado teria de garantir a infra-estrutura para as telecomunicações; a iniciativa privada daria conta do resto. À Embratel – Empresa Brasileira de Telecomunicações, nascida estatal nos anos 1960 e privatizada mais tarde – foi confiada a missão de amarrar o país-continente pelas telecomunicações, com antenas e satélites. À televisão foi confiada a tarefa de, via Embratel, unificar no plano do imaginário o povo brasileiro. Não se pode dizer que a pujança da televisão brasileira tenha sido produto apenas de um plano de gabinete, mas, não fosse essa estratégia dos governos militares, e o Brasil não teria a televisão que tem. A TV no Brasil é produto de uma das poucas estratégias nacionais que deram certo.

A rede de televisão preferencial dos governantes daquele período acabou sendo a Globo. A opção se deveu a motivos políticos, sem dúvida: a adesão da nova rede aos desígnios do autoritarismo era notória. Mas a opção também deve ser creditada ao talento artístico e à competência empresarial que caracterizaram a nova rede, talento e competência que, naturalmente, afirmam-se como valores também ideológicos. A Globo impôs o modelo brasileiro de televisão: aquela que informa, entretém e, acima de tudo, pacifica onde há tensões e une onde há desigualdades.

---

3 Maria Rita Kehl, "Eu vi um Brasil na TV", cit., p. 172.

O crescimento da televisão brasileira foi exponencial. Em 1964, quando a história da televisão brasileira iria começar para valer, o Brasil tinha 34 estações de TV e 1,8 milhão de aparelhos receptores. Em 1978, já eram 15 milhões de aparelhos. Em 1987, 31 milhões de televisores se espalhavam pelo país, dos quais 12,5 milhões em cores. O número de domicílios com TV, no Brasil, saltou de 15,8 milhões em 1982 para 33,7 milhões em 1995, até chegar a quase 40 milhões em 2001.

As pessoas às vezes perguntam: "Mas como pode? Como um país com tamanha pobreza e com tamanha carência de liberdades democráticas pôde produzir uma televisão tão vigorosa, tão rica, tão bem equipada?" A resposta é fácil: a televisão brasileira é ultramoderna exatamente porque a realidade que lhe serviu de canteiro era vitimada pelo atraso, tanto no campo das liberdades como no campo da (ausência de) distribuição de riqueza. A televisão compensou, com seu avanço extraordinário, a falta de modernidade da vida social e política.

O dueto entre o fato e a ficção

As novelas exerceram uma função capital. Foram elas que infundiram nos brasileiros o hábito de ver TV. Ligar a TV todas as noites tornou-se algo tão essencial como jantar todas as noites. Entre os anos 1970 e 1980, as novelas eram capazes de prender mais de 70% dos telespectadores. Elas inventariaram, consolidaram e sistematizaram o repertório da vida privada brasileira: vendo novelas, as mulheres de classe média aprenderam a se vestir e a comprar o sofá da sala, as famílias mais pobres tiveram noções de controle de natalidade, os adolescentes aprenderam a namorar.

A Globo, campeã dessa indústria, é a rede que mais investiu em novelas – e a que mais lucrou com elas. Organizando sua grade horizontal de programação com base nas novelas (que passaram a ir ao ar todos os dias da semana, em horários fixos, começando pelo início da noite), cativou o público. O telejornalismo entrou na grade de programação encaixando-se entre novelas, como um intervalo factual em meio às obras de teleficção. Entre duas novelas, o *Jornal Nacional* estreou no dia 1º de setembro de 1969.

O dueto afinado que a telenovela e o telejornal entoam até hoje não se restringe, evidentemente, a uma repartição do horário nobre. Ele vai mais fundo: telenovela e telejornalismo pactuam entre si uma divisão de trabalho para a consolidação discursiva da realidade. Por vezes, trocando de sinais. Enquanto certas formulações do telejornalismo governista mais pareciam peça de ficção, muitos dados da realidade bruta entraram para a pauta nacional a partir das telenovelas. Assuntos que eram tabu no noticiário ganharam o debate público pela porta da telenovela[4].

O cruzamento entre ficção (telenovelas) e discurso noticioso-documental (telejornalismo) não é uma excentricidade brasileira, por certo. Ele pode ser visto em todo o mundo, num entrelaçamento que embaralha entretenimento e jornalismo, ou entretenimento e política. Em toda parte, candidatos a cargos eletivos posam de astros do *show business* – e os astros, por sua vez, martelam palavras de ordem que parecem saídas de gabinetes de políticos profissionais. Atores viram políticos em todo lugar – e políticos saem-se bem à medida que exercitam seus talentos de atores. A política vai ganhando, assim, uma cobertura de mexericos de alcova, enquanto filmes de ficção resolvem, no imaginário, as tragédias, os temores ou os impasses

---

[4] Em pelo menos dois outros trabalhos eu já tratei da existência desse dueto: "A mídia eletrônica no Brasil e a construção do imaginário", *Pesquisas*, n. 13, série de publicações da Fundação Konrad Adenauer do Brasil, 1998, p. 143-58, e *Brasil em Tempo de TV* (São Paulo, Boitempo, 1996).

de ordem pública. A ficção sensacionalista acaba fornecendo soluções para problemas da vida real, soluções que depois passam a figurar na demagogia política.

No Brasil, portanto, o hibridismo entre fato e ficção não constitui nada de excepcional, mas tem lá as suas especificidades. Aqui, o telejornal é capaz de fingir que um movimento de massas não existe, procurando com isso retardar sua entrada no universo da televisão, que é o universo que confere o atestado de existência aos fatos. Basta ver o silêncio dos telejornais nacionais da Globo no início de dois movimentos de massas fundamentais para a democratização do país: a campanha das diretas em 1994 e a campanha pelo *impeachment* de Fernando Collor em 1992. Em compensação, uma novela é capaz de influenciar o curso dos debates políticos ao falar de tensões reais que o telejornalismo finge que não vê. Foi o que se deu com a novela *O Rei do Gado.*

Exibida entre junho de 1996 e fevereiro de 1997 no horário nobre da Globo, *O Rei do Gado* falou mais sobre a luta pela terra no Brasil do que todo o telejornalismo reunido. *O Rei do Gado* tinha uma sem-terra como protagonista: uma certa Luana, moça bonita, tristonha e pobre. Como sempre acontece com as novelas de TV, a história foi um reempacotamento da fábula de Cinderela – tanto que a mocinha sem-terra acaba se casando com o latifundiário –, mas contribuiu em grande medida para divulgar a causa do movimento dos trabalhadores rurais.

Lembremos que, em abril de 1996, poucas semanas antes da estréia da novela, o país tinha sido sobressaltado por um massacre. Dezenove pessoas, que tomavam parte numa ocupação liderada pelo MST (Movimento de Trabalhadores Rurais Sem Terra), foram mortas pela Polícia Militar no interior do Estado do Pará. O caso só ganhou destaque nos telejornais porque estava registrado em vídeo, com imagens chocantes. Atenção para esse pormenor: sem as imagens de brutalidade capazes de render bons índices de audiência, as mortes teriam passado sem maiores registros na mídia, como aconteceu com vários outros crimes no campo. O que deu destaque para os mortos do Pará foi menos o fato e mais as imagens espetaculares que o relatavam.

A novela, coincidentemente, estreou logo depois, impedindo que a questão agrária voltasse a cair no ostracismo. Essa avaliação é do dirigente do MST, João Pedro Stédile, e pode ser lida num depoimento dele publicado pela revista *Teoria & Debate*, no início de 1997: "Politicamente, para nós, a novela foi muito importante. Ela contribuiu para a reforma agrária de uma maneira positiva. Pela primeira vez, colocou a questão em horário nobre para milhões de brasileiros. (...) Nem o MST nem a Igreja Católica chegariam a essa faixa se não fosse por intermédio da novela[5]." A fala de João Pedro também ajuda a reforçar a idéia de que, para ingressar na agenda nacional, um evento qualquer precisa render (ou precisa *ser*) imagens espetaculares. Diz João Pedro, no mesmo debate: "A novela ajudou a fazer com que as pessoas passassem a olhar o sem-terra de maneira diferente. Ou seja, de certa forma, ela nos deu *status* de cidadãos[6]." Ele fala em "olhar", fala em "*status* de cidadãos". Vale enfatizar: nesses tempos em que a imagem dá o critério do que é notícia – e dá, portanto, a credencial primeira dos fatos que se candidatam a entrar para a história (vivemos um tempo em que a história já começa a ser contada segundo imagens de TV) – a cidadania, ao menos no Brasil, passa diretamente pela visibilidade ou, em outras palavras, pelo acesso ao olhar do público. João Pedro destaca que, depois da novela, "as pessoas" passaram a "olhar os sem-terra de maneira diferente".

---

[5] Fala de João Pedro Stédile no debate "Maledetto latifúndio", publicado na revista *Teoria & Debate*, então editada pelo Diretório Regional de São Paulo do Partido dos Trabalhadores, n. 34, mar./abr./maio de 1997, p. 33.

[6] Ibidem, p. 39.

Ele quer dizer que os sem-terra ganharam rostos humanos. Que fossem rostos melodramáticos, não importa tanto assim.

A visibilidade social foi ficando tão amarrada à tela da TV que, para ganhar o estatuto de realidade, as coisas precisam aparecer na TV. Pode-se dizer sem o menor risco de exagero que as coisas só acontecem de verdade no Brasil quando acontecem na TV. Isso faz dela uma sede, por excelência, do que chamamos de espaço público. Para a instauração desse tipo de espaço público, sobre o qual se ergueu o imaginário nacional integrado pela Globo – um e outro são indissociáveis –, o dueto entre ficção e jornalismo foi – e é – fator fundante.

A construção de um padrão de qualidade

A Globo reluz no epicentro da constelação. A Globo reordenou e atualizou o mito nacional. Ela é o molde do que significa fazer televisão no país. Reina absoluta, ou quase. Do alto de seu reinado, ditou os padrões, ou melhor, ditou o seu famoso "padrão de qualidade", ancorado no que se costuma chamar de bom gosto.

O bom gosto, sabemos todos, nada mais é que uma estética pequeno-burguesa mais ou menos monolítica. A hierarquia social, por meio do bom gosto, é traduzida numa hierarquia estética: promovendo não exatamente a exclusão do pobre, mas do "feio" (que não é outro senão o pobre), e promovendo o enaltecimento do belo (que não é outro senão o rico e o bem-educado tal como eles são idealizados pela classe média). Durante décadas, esse refinamento plástico, esse bom gosto, foi chamado de "padrão Globo de qualidade", ou "padrão de qualidade global", ou, simplesmente, "padrão de qualidade" no jargão interno da emissora. Era um padrão massacrante.

O "padrão de qualidade" não é produto da competição de mercado. Não foi porque criou um padrão que a Globo se destacou em relação às demais. Deve-se antes levar em consideração o contrário. Sem o apoio do regime militar, que elegeu a Globo como favorita, talvez não tivéssemos no Brasil o "padrão Globo de qualidade". Este se desenvolveu como se desenvolveu porque estava a salvo de certos mecanismos de mercado.

O "padrão de qualidade" esteve sempre apoiado em três requisitos: a manutenção de uma superioridade técnica em relação à concorrência, a manutenção da superioridade econômica na mesma escala e, por fim, uma certa atribuição tácita de inventariar e consolidar os aspectos constitutivos da nacionalidade nas esferas íntima, privada e pública. (De algum modo, a Globo tem parte – e parte hegemônica – com os esforços mais recentes de construção – em frangalhos – de alguma "identidade nacional".)

Por superioridade técnica, podemos entender a competência dos funcionários da Globo e a modernidade de seus equipamentos; por superioridade econômica, o fôlego financeiro (desde que despontou para a liderança, a rede conseguiu concentrar muito mais capital que a concorrência, e isso se mantém mesmo quando a empresa acumula dívidas importantes, como aconteceu entre 2000 e 2004). Finalmente, por atribuição tácita de inventariar e consolidar os aspectos constitutivos da nacionalidade nas esferas íntima, privada e pública, ou, dizendo com outras palavras, atribuição de reelaborar no espetáculo os parâmetros de comportamento dos brasileiros na vida pública, privada e íntima, entendamos a habilidade de representar e instituir na tela da TV os marcos morais e as preferências éticas e estéticas da família brasileira, e isso em todos os domínios da vida. Pode parecer tudo muito pretensioso, mas, no caso da Globo, estamos falando de uma pretensão alcançada.

Essa atribuição voltada para a "identidade nacional" e para a consolidação dos costumes passou, sempre, por uma postura ambígua da Rede Globo: de um lado, ela soube evitar, na criação das obras de ficção, a paralisia conservadora típica dos censores do regime militar no que se referia aos padrões morais da vida íntima; de outro, evitou também, na programação em geral, valer-se de apelos mais grosseiros ou pornográficos. O "padrão globo de qualidade" constituiu uma forma para a construção de um imaginário pátrio que era, ao mesmo tempo, um tanto desobediente e flexível nas esferas íntima e privada e absolutamente conservador e servil nos campos político e econômico. Tanto que, como já foi visto, a Globo operou a construção de seu padrão de qualidade tendo, numa das mãos, um telejornalismo governista e, na outra mão, uma escola de telenovelas que às vezes se permitiu ser contestadora. Em diversas ocasiões, suas novelas sofreram censura do Estado[7].

As condições de produção reunidas pela Globo acabaram se tornando condições inalcançáveis para os concorrentes. Ver uma novela da Globo e compará-la com uma telenovela da concorrência – e mesmo com as telenovelas produzidas no México – é como comparar uma superprodução de Hollywood com um longa-metragem periférico. Para alguns analistas da televisão mundial, a Globo estaria para a televisão da virada do milênio como Hollywood esteve para o cinema nos anos 1940 e 1950. Aliás, como os filmes de Hollywood, as novelas da Globo correm todos os continentes[8].

---

[7] Ver relatos sobre a censura às novelas em Inimá Simões "Nunca fui santa: episódios de censura e autocensura", em *A TV aos 50: criticando a televisão brasileira no seu cinqüentenário* (São Paulo, Editora da Fundação Perseu Abramo, 2000), p. 65-94.

[8] Há 25 anos, as telenovelas da Globo são exportadas. Essa exportação representa hoje um faturamento da ordem de 32 milhões de dólares anuais (ver "Drama tipo exportação", reportagem assinada por Jefferson Benício publicada na revista *Contigo!*, da Editora Abril, de 15 de fevereiro de 2000). De todas, a novela mais vendida é *Escrava Isaura*, que foi vista em 120 países. Sua protagonista, a atriz Lucélia Santos, virou

A comparação, claro, é bastante discutível. Mas, de um modo ou de outro, como a Hollywood dos anos 1940 e 1950, o "padrão Globo de qualidade" firmou, acima de tudo, um estado de arte da ideologia. Mais precisamente, ele nada mais foi – ele nada mais é – que um padrão ideológico ou, melhor, um padrão *videológico*.

Esse padrão tem sofrido e sofrerá abalos de tempos em tempos, principalmente a partir de ameaças de emissoras concorrentes que, conseguindo disputar a audiência, forçam a própria Globo a se valer, também ela, de recursos apelativos, sensacionalistas, imediatistas. Nada disso, porém, tem sido capaz de retirar a Globo de sua posição de centralidade no espaço público brasileiro. E, aí, seu padrão videológico de qualidade continua prevalecendo.

---

estrela de primeira grandeza na China e em outras paragens. Há muitas histórias pitorescas em torno das proezas das novelas brasileiras pelo mundo afora. Uma das melhores passou-se em Cuba. Não tem nada a ver com o nosso tema, mas merece ser contada. Naquele país socialista, a exibição de um grande sucesso brasileiro chamado *Vale Tudo* gerou conseqüências culturais e sobretudo econômicas que certamente não faziam parte das previsões dos governantes. *Vale Tudo* desencadeou uma nova modalidade de empreendimento privado – uma onda complicada para um país baseado na economia estatal. Em *Vale Tudo*, uma das personagens centrais tinha um restaurante chamado "Paladar". A novela foi um êxito em Cuba e este nome, "Paladar", entrou para o espanhol como se sempre tivesse estado ali. "Paladar" não foi incorporado ao idioma como um nome de um ou outro restaurante, mas como uma designação de gênero: "paladar", no feminino, é o termo que identifica um tipo de restaurante, as casas de família que servem refeições num estabelecimento autônomo, privado, sem ter o Estado como sócio. Hoje, há várias "paladares" espalhadas pela ilha; há "paladares" em Cuba como há bistrôs na França. Invenção de uma novela.

De volta ao conceito de espaço público: uma retrospectiva do conceito

O conceito de espaço público, na perspectiva aqui adotada, é pensado como uma categoria que designa um campo gerado pela comunicação social. É um espaço, por excelência, comunicacional. O espaço público – ou a esfera pública – nasce à medida que surge o debate público. Mais precisamente: a esfera pública burguesa só se torna uma realidade historicamente possível quando ganha vida como função comunicativa entre os sujeitos que nela tomam parte. Sem que se levem em conta os meios de comunicação – e, no caso da esfera pública burguesa, nos séculos XVII e XVIII, os meios de comunicação compreendem basicamente os jornais da chamada imprensa de opinião –, o conceito não se sustenta. Como diz Habermas em textos recentes: "A esfera pública não pode ser concebida como uma instituição e certamente não como uma organização. (...) [*Ela*] pode melhor ser descrita como uma rede para a comunicação de informações e pontos de vista[9]." Ou, em outras palavras: "A esfera pública se distingue como uma estrutura comunicacional (...) não se refere nem às funções nem ao conteúdo da comunicação de todo dia mas ao *espaço social* gerado pela comunicação[10]."

O entendimento de espaço público como uma construção histórica menos institucional do que comunicacional constitui, para quem estuda a televisão no espaço público em geral, uma passagem crucial. Sem realizá-la, não se compreende o alcance integral e o peso formidável da televisão no Brasil. Sabemos todos que, com o advento dos meios de comunicação de mas-

---

9 J. Habermas, *Between Facts and Norms* (Cambridge, MIT Press, 1996), p. 360.

10 Ibidem, p. 360.

sa, a esfera pública burguesa se transforma – o *público* se converte (ou se degenera) em *massa*. A esfera pública se amplia.

Para a esfera pública "expandida" pelos meios de comunicação de massa, o fator aglutinador não é mais a emergência dos sujeitos autônomos que nela tomam parte, mas a ação dos próprios meios. A esfera pública deixa de ser refletida (crítica e dialeticamente) na imprensa: ela é posta, como audiência, pelos meios. Antes, a esfera pública era a força que gerava seus meios (a imprensa de opinião). Agora, os meios (de massa), expressão do capital na forma de força comunicacional, é que geram a esfera pública. Tudo isso ainda segundo os marcos habermasianos.

Esses marcos, porém, se nos servem de ponto de partida, estão longe do ponto de chegada. Além deles, é preciso ver que, dentro do espaço público, já é possível enxergar a ação do inconsciente (e do sujeito do inconsciente). Já não é mais possível conviver com a ilusão teórica de que a racionalidade dos sujeitos seja capaz de governar os fluxos comunicacionais no espaço público. Nem os autores da comunicação, nem os seus receptores, se é que podemos dividir os sujeitos desse modo esquemático, agem segundo critérios conscientes. É preciso combinar, sempre, a correta definição de que o espaço público é um campo comunicacional com a presença do inconsciente nesse campo. Não tratarei aqui da falência (ou quase falência) da razão e da consciência na comunicação; o que importa, de todo modo, é apenas frisar que a idéia de espaço público é fundamentalmente uma idéia comunicacional, mas não exatamente nos contornos estritos que Habermas lhe dá.

A centralidade da Globo no espaço público brasileiro

O espaço público nacional brasileiro se forjou a partir do alicerce dado pela centralidade exercida pela TV, o que é o mesmo que dizer: pela centralidade da Globo. Ela se tornou o fórum por excelência para a tematização dos assuntos que constituem com seu fluxo o próprio imaginário nacional. Além disso, ela se pôs como aquela que fornecia aos agentes todos do processo comunicacional (aos "falantes", por assim dizer, ou aos "falantes visuais") o *como* da comunicação social, isto é, os procedimentos de linguagem, a "sintaxe", a "gramática" e, mais ainda, os limites que separam o dizível do indizível, o compreensível do incompreensível, o aceitável do inaceitável.

Há controvérsias sobre o caráter desse lugar da Globo, ou sobre o caráter da Globo nesse lugar que ela ocupa. Para uns, ela representa um fator de avanço tecnológico e econômico; para outros, trata-se de um fator de atraso político e da prática sistemática de abuso de poder[11]. Para uns, a presença da Globo concorre para a construção de uma nova identidade nacional; para outros, o que há é o risco de obscurecimento das distinções regionais e das identidades múltiplas[12]. Para uns, a Globo traz à cena nacional uma nova (e benéfica) força integradora; para outros, reproduz com equipamentos ultramodernos os velhos modelos de dominação, isto é, consiste na permanência de modos antigos de opressão amoldados agora numa aparelhagem ideológica e tecnológica de novíssima geração[13]. De um

---

[11] Ver Fábio Konder Comparato "É possível democratizar a televisão?", em Adauto Novaes (org.) *Rede imaginária: televisão e democracia* (São Paulo, Companhia das Letras/Secretaria Municipal de Cultura, 1991), p. 300-8.

[12] Esse debate é muito bem equacionado por Gabriel Priolli em "Antenas da brasilidade", no livro *A TV aos 50: criticando a televisão brasileira no seu cinqüentenário*, cit., p. 13-24.

[13] É forçoso mencionar aqui que há textos meus que podem ser lidos como representantes de uma linha de "combate" à Rede Globo. Ver, por exemplo, a orientação de alguns ensaios em *O peixe morre pela boca – oito artigos sobre cultura e poder* (São Paulo, Scritta, 1993). É também forçoso dizer que não os renego.

lado e de outro, sempre aparecem, aqui e ali, sinais de um engajamento, a favor ou contra, em relação à Globo e às suas ações.

Se nos permitirmos uma visão menos polarizada, não é difícil notar, logo de saída, que há razões em várias dessas correntes. Claro que, no Brasil, todos temos motivos de sobra para denunciar e rejeitar os abusos de poder cometidos pela Globo – tem sido essa, vale mencionar, a minha inclinação pessoal predominante. Não faltam episódios de interferências da emissora nos processos eleitorais brasileiros – basta ver a campanha aberta que, durante a campanha eleitoral de 1989, os telejornais da Globo fizeram em prol do candidato a presidente Fernando Collor de Mello, que venceu o pleito. Não faltam exemplos de interesses econômicos e patronais contrabandeados indevidamente para o conteúdo dos serviços de cobertura jornalística na TV. Como foram aqui lembrados, constituem fatos objetivos e, irradiados a partir da esfera da cultura, fizeram adoecer, em maior ou menor grau, a incipiente democracia brasileira.

De outro lado, há os que não escondem um certo entusiasmo diante do papel aparentemente civilizador da Globo. É preciso reconhecer que, do ângulo pelo qual enxergam o fenômeno, também têm razão. Um desses, cujo nome não se pode deixar de anotar, é Dominique Wolton. Para ele, o papel integrador da TV não se presta necessariamente à preservação de um ordenamento autoritário da cultura e ao enaltecimento dos governos presentes, mas cumpre uma função positiva ou, mais propriamente, organizadora e essencial à democracia. Wolton faz a defesa da televisão aberta, aquela que se dirige a todo o público, indistintamente. Ele acredita que a democracia ocidental deve sua saúde – e não sua patologia – às redes de televisão aberta. Até mesmo a democracia brasileira: "A televisão brasileira ilustra quase à perfeição a minha tese sobre o papel essencial da televisão geralista [*de canal aberto e em rede na-*

cional]. Nela encontramos, com efeito, o sucesso e o papel nacional de uma grande televisão, assistida por todos os meios sociais, e que pela diversidade de seus programas constitui um poderoso fator de integração social. Ela contribui também para valorizar a identidade nacional, o que constitui uma das funções da televisão geralista[14]." Segundo ele, a televisão por assinatura, voltada para segmentos do público, é por natureza incapaz de promover a integração e, por isso, não se presta à mediação dos espaços públicos nacionais. Quase que por exclusão, a democracia contemporânea se torna então viável graças à TV aberta[15].

O êxito comercial da Rede Globo, com a produção de seus próprios programas e a exportação deles, leva os autores de *New Patterns in Global Television* a afirmar que há uma nova empatia entre o público e as televisões nacionais capazes de gerar produtos nacionais[16]. Identificam aí, também, uma função positiva da presença da Rede Globo na cena brasileira.

Estariam enganados esses autores tão entusiasmados? Talvez, mas não inteiramente. Sim, é verdade, isto é, trata-se de um fato empiricamente comprovável que a Globo integra como nenhum outro veículo (ou meio) o espaço público nacional

---

[14] Dominique Wolton, *Elogio do grande público – uma teoria crítica da televisão* (São Paulo, Ática, 1996), p. 153.

[15] Registre-se que o entusiasmo de Wolton e de outros com as redes nacionais de televisão aberta não é compartilhado por inúmeros outros estudiosos. Muitos são os que prenunciam a morte por apodrecimento da TV aberta e que definem a TV geralista como lixo. George Gilder é um dos representantes dessa tendência. Em *A vida após a televisão* (São Paulo, Ediouro, 1996, p. 13 – o original americano é de 1994), ele afirma: "As pessoas têm pouco em comum, exceto seus interesses lascivos e seus medos e ansiedades mórbidas. Tendo necessariamente por alvo esse mínimo denominador comum, a televisão piora a cada ano".

[16] John Sinclair, Elizabeth Jacka e Stuart Cunningham (orgs.), *New Patterns in Global Television* (New York, Oxford University Press, 1996).

brasileiro e, nesse sentido, articula, põe em dinâmica a própria democracia brasileira, com seus defeitos e suas virtudes. A Globo praticamente se confunde com o sistema linfático da democracia brasileira. Também é verdade factual que, sem a Globo, a identidade nacional brasileira não teria hoje a face que tem. Pode-se dizer mais. Pode-se dizer que a Globo é um fator de modernização das relações políticas no Brasil. E por quê? Porque, dada a sua condição de veículo de massa, ela ajudou a trazer para o país, no ocaso do regime militar (a partir dos anos 1980), alguns aspectos da democracia eletrônica de massas. Não o fez necessariamente em função do espírito público de seus proprietários (espírito público que aqui não está em exame), mas em decorrência de sua natureza comunicacional e de mercado. Digamos que ela tenha ajudado a modernizar a sociedade por automatismo ideológico, tendendo a moldá-la à sua semelhança. Ela possivelmente concorreu para transportar alguns bolsões mais atrasados da sociedade, que se encontravam num nível medieval de relações de mando, para um nível industrial de exploração capitalista, compatível com o nível de tecnologia e divisão de trabalho que uma instituição mediática do porte de uma rede de TV nacional supõe. Não é raro que informações, critérios e valores veiculados nacionalmente pela Globo entrem em conflito com interesses de oligarquias regionais, formadas por famílias de latifundiários, avessas aos direitos civis e políticos mais elementares.

O que talvez escape aos observadores mais otimistas – e de modo especial escapa a Wolton – é que, embora, como um fator genérico, a TV "geralista" desempenhe um papel fundamental no funcionamento da democracia contemporânea, há uma contradição essencial na presença da Globo no Brasil. Essa contradição é definidora do papel que essa rede exerce entre nós. A Globo organiza a democracia no Brasil? Sim, sem dúvida. Em oposição a isso, ela corrompe a democracia, ao deformar com seu espetáculo a natureza dos processos decisórios? A resposta também é sim. Ela combate os esquemas de coronelismos regionais? Sim. De outro lado, ela pode concorrer para bloquear o debate democrático? A resposta, de novo, é sim.

Isso não significa, porém, que a Globo tenha o poder de dominação direta e inquestionável que muitos lhe atribuem. Mesmo quando tentou sonegar ao telespectador informações de alta relevância, como aconteceu em 1984, durante a campanha das Diretas Já, cujos comícios não eram noticiados nos seus telejornais nacionais, a Globo não teve a capacidade de frear ou de neutralizar esse movimento. A despeito do boicote da Globo, ele levou milhões de brasileiros às ruas de várias capitais[17]. Nem o poder da TV nem o poder da Globo são absolutos. Aliás, são mais fracos do que normalmente se acredita.

O espaço público – mesmo o espaço público predominantemente mediado pela televisão – é campo de negociação permanente de sentidos, e isso em vários níveis, tanto no nível da recepção, a cargo dos microuniversos sociais e culturais dos telespectadores, quanto no nível da composição do cardápio jornalístico que será oferecido à audiência. As negociações de sentido entre os telespectadores vêm sendo investigadas pelos estudos da recepção, comprovando que há bastante autonomia crítica entre os telespectadores[18]. O espaço público não é um espaço "colonizado" pelos poderosos, como querem alguns. Mais ainda, os telespectadores, de modo variado e diferencia-

---

[17] Ver, sobre o movimento das Diretas Já, o artigo "A História na era de sua reprodutibilidade técnica", publicado neste volume, p. 191.

[18] Os estudos esclarecedores sobre a recepção no Brasil já são antigos. Um dos pioneiros é de Carlos Eduardo Lins da Silva *Muito além do Jardim Botânico* (São Paulo, Summus, 1985). Nesse livro, o autor demonstra a capacidade crítica com que uma comunidade litorânea no Brasil sabia interpretar e filtrar as notícias que via no *Jornal Nacional*.

do, apropriam-se de sentidos, modificam-nos e conseguem reelaborá-los no curso das práticas sociais[19].

O lugar da televisão no Brasil, ou o lugar que *é* a televisão no Brasil, também nos ajuda a enxergar, por outro ângulo, aquilo que já foi descrito neste artigo: que os mecanismos pelos quais os fatos adquirem existência simbólica no espaço público passam, necessariamente, pelo plano imaginário da televisão. A campanha das Diretas Já, por exemplo, quando se tornou fato consumado, passou a fazer parte dos telejornais nacionais da Globo – a realidade bruta dobrou a resistência que a TV lhe opunha, insurgindo-se para dentro dela e ali dentro se acomo-

---

[19] Chamamos a atenção do leitor para uma obra fundamental sobre os estudos da recepção no Brasil que foi organizada por Mauro Wilton Souza. É particularmente esclarecedor o seu ensaio introdutório, "Recepção e comunicação: a busca do sujeito", em *Sujeito, o lado oculto do Receptor*. Mauro Wilton de Souza (org.), (São Paulo, Brasiliense, 1995). Ver, ainda, sobre os efeitos da televisão na formação da sociedade brasileira contemporânea, e sua influência nos hábitos políticos, culturais e de consumo, o estudo de Fernando A. Novais e João Manuel Cardoso de Mello, "Capitalismo tardio e sociabilidade moderna", em *História da vida privada no Brasil*, vol. 4, p. 559-658. Novais e Cardoso de Mello afirmam que: "Exposta ao impacto da indústria cultural, centrada na televisão, a sociedade brasileira passou diretamente de iletrada a deseducada e massificada, sem percorrer a etapa intermediária de absorção da cultura moderna" (p. 640). No mesmo volume, ver também Esther Hamburguer "Diluindo fronteiras: a televisão e as novelas no cotidiano" (p. 439-88). Finalmente, um documento de trabalho verdadeiramente fascinante, não publicado, elaborado em março de 1996 para o Núcleo de Pesquisa de Telenovela (NPTN), da Escola de Comunicações e Artes da Universidade de São Paulo (ECA-USP), merece registro. Esse documento de trabalho investiga as relações entre as telenovelas e mudanças demográficas registradas no Brasil entre 1970 e 1991, com uma importante diminuição da taxa de natalidade. Preparado por Anamaria Fadul, Emile MacAnany e Ofélia Torres Morales, esse documento persegue particularmente a possibilidade de uma influência da telenovela no planejamento familiar.

dando. Foi só aí, quando entraram para o plano imaginário da TV, que puderam pleitear sua existência no simbólico.

Por isso, é preciso ter em conta que o lugar da TV no Brasil se põe como uma contradição essencial.

***

Outdoors nas cidades brasileiras proclamam o novo *slogan* da "deusa": "Globo, a gente se vê por aqui". Trata-se de uma campanha brilhante.

Todos conhecemos a expressão popular: "A gente se vê por aí". "Por aí" quer dizer "em qualquer lugar", isto é, qualquer *outro* lugar, um *outro* lugar que não este em que nos encontramos agora. Ora, quem diz "a gente se vê por aqui" diz algo meio sem sentido, uma vez que "por aqui" é onde estamos agora, quer dizer: "por aqui" nós já estamos nos vendo agora. Seria um *nonsense*? Afinal, só faz sentido dizer "a gente se vê" quando nos despedimos de alguém. Mas não, não se trata de *nonsense*. A Globo, e só a Globo, pode dizer "a gente se vê por aqui". Esse "aqui" do *slogan* publicitário designa, ao mesmo tempo, a Globo e o próprio Brasil. A Globo está em toda parte em que esteja o Brasil. O Brasil está em toda parte em que esteja a Globo. A Globo *é* toda parte que seja parte do Brasil. Estaremos, então, todos nos vendo por aqui mesmo, todo o tempo, pois que fora daqui só há a escuridão – o não-espaço público nacional. O lugar de ninguém.

Agora, a gente brasileira se vê o tempo todo. Por aqui. E onde mais?

APÊNDICE: DIREITOS DO TELESPECTADOR

Eugênio Bucci

Existem no Brasil cerca de 40 milhões de lares com TV[1]. A comunicação impressa é pouco expressiva. Embora jornais e revistas exerçam influência sobre as elites, os índices de circulação desses veículos são tímidos. Publicam-se no Brasil cerca de três revistas por habitante por ano (na França, só para comparar, esse número é da ordem de quarenta, segundo as estatísticas da Fédération Internacionale de la Presse Périodique). Todos os jornais diários somados, que aliás cresceram em circulação na última década, têm uma vendagem, de acordo com a Associação Nacional de Jornais, a ANJ, de 7,2 milhões de exemplares por dia (somados aí bancas e assinaturas). É pouco para uma população de 172 milhões. O Brasil se comunica pela televisão. O Brasil se conhece e se reconhece pela televisão, e praticamente só pela televisão, que reina absoluta sobre o público nacional, com um peso muitas vezes superior aos outros

---

1 Segundo a mais recente Pesquisa Nacional por Amostragem de Domicílio, feita pelo IBGE em setembro de 1995, seriam 38,9 milhões de domicílios com TV no Brasil, 60,9% deles coloridos. Em novembro de 1996, uma estimativa da Eletros (Associação Nacional de Fabricantes de Produtos Eletroeletrônicos) indicava exatos 40 milhões, dos quais 28,6 milhões em cores. Ver revista *Mercado Global*, publicação trimestral da Superintendência Comercial da Rede Globo, n. 102, 2º trimestre de 1997, p. 40.

veículos. Basta comparar. Raramente um jornal ultrapassa a casa de 1 milhão de exemplares. Só a semanal *Veja* consegue isso, com uma circulação paga de 1,2 milhão. A TV monologa dentro das casas brasileiras. Não há um outro veículo que a conteste, ou que se equipare a ela. A TV dá a primeira e a última palavra e, mais que isso, a primeira e a última imagem sobre todos os assuntos. Nesse monólogo audiovisual, o telespectador é o último a ser consultado e o primeiro a ser usado, comercializado ou mesmo ofendido.

É hora de se pensar nos "direitos do telespectador". A condição de telespectador é uma das manifestações do cidadão (e não apenas do consumidor). Ocorre que, na prática, o telespectador é ignorado nesse sentido. Claro que ele entra nas pesquisas de audiência, ou em consultas mercadológicas de todo tipo (até de *marketing* político), mas não é levado em conta como cidadão, como aquele em nome do qual o poder público outorga as concessões de canais a empresas privadas.

O desprezo pelos direitos do telespectador não foi revogado pelas novas tecnologias. Os entusiastas da TV interativa anunciam uma democracia digital festiva e revolucionária para amanhã ou depois de amanhã. Será possível programar o filme que você quer para a hora que você desejar. Alguns já vêem nas pesquisas que são feitas pelo 0900 da vida um prelúdio de uma democracia eletrônica muito mais participativa, feita de consultas imediatas e cotidianas, e há os que exultam com programas do tipo *Você Decide*. Há vinte anos, talvez mais, futurólogos de diversos matizes esperam que a tecnologia venha renovar os processos decisórios na sociedade e isso estaria acontecendo agora com a ajuda da televisão[2]. Não será surpresa se a TV

---

[2] Há inúmeros exemplos, mas dou um só, que é o que tenho um bem à mão: Alvin Toffler. Em 1980, ele lançou seu *bestseller A terceira onda*. Ali, ao tratar da "democracia do século XXI", vislumbrou uma tendên-

Senado, acessível para os 3,5 milhões de aparelhos conectados aos canais por assinatura, começar a fazer em breve consultas nesse gênero para os eleitores ligados aos debates ao vivo.

Mas ser ouvido como platéia ("Vocês querem bacalhau?", gritava Chacrinha), mesmo como platéia de um circo eleitoral, não significa ser ouvido como cidadão. Ouvir o público sobre suas preferências de consumo, de comportamento, de opinião, com o objetivo de aperfeiçoar mercadorias a ele destinadas, não significa pôr em jogo o poder. Medir o gosto da platéia por esse ou aquele candidato ("Vai para o trono ou não vai?", pergunta Silvio Santos), por essa ou aquela tese, não quer dizer compartilhar o poder. Esses mecanismos tratam o cidadão como clientes. Não é disso que tratamos aqui.

Nem mesmo como um consumidor de programas de TV o telespectador é respeitado. Ele não é ouvido, não é consultado, não tem a quem se queixar e se encontra à mercê do que as emissoras resolvem pôr no ar. O telespectador tem menos direitos que os leitores de jornais e revistas, menos direitos que os ouvintes de rádio e muito menos direitos que os usuários da internet. Daí que o simples exercício de procurar imaginar quais seriam os direitos do telespectador pode ajudar a enxergar essa condição de passividade injusta à qual ele ficou condenado. É também uma maneira de perguntar se isso não poderia ser diferente.

Tento aqui enumerar quais seriam alguns desses direitos. Não são coisas inventadas, mas idéias simples, elementares, nada mais que decorrências dos direitos consagrados da cidadania. Listando-os, espero abrir campo para que se pensem formas criativas de permitir a entrada do telespectador no poder que envolve a televisão.

---

cia: "Usando computadores avançados, satélites, telefones, cabo, técnicas de apuração de votos e outros instrumentos, uma coletividade educada de cidadãos, pela primeira vez na história, começa a tomar muitas de suas próprias decisões políticas".

Todo telespectador tem o direito de:

1) Ser informado de modo independente, recebendo os dados necessários para que forme sua própria opinião.

Atenção: a censura no Brasil existe sim, só não é feita pelo Estado, e sim pelas emissoras e por seus donos, que sonegam determinados assuntos ao público. Ou seja, de um certo modo, vivemos sob a privatização também da censura. Não se discute aqui o direito – e mesmo o dever – que cabe a todo editor de selecionar, hierarquizar e, enfim, de editar as informações que divulga. O que é inadmissível é a sonegação de informações para o público por motivos políticos ou por interesses econômicos. Quando omite ou emite informações de modo deliberadamente tendencioso, um canal de TV está violando um direito essencial do telespectador. E essa violação é cometida de forma escancarada entre nós. Concessão pública, o canal de TV deve estar proibido de sonegar fatos de relevância pública evidente. Da mesma forma, deve estar proibido de empregar sua influência junto ao público com finalidades partidárias.

2) Estar protegido do sensacionalismo que potencializa a violência e a criminalidade.

Conhecer os próprios direitos e ter acesso aos mecanismos que os fazem valer são atributos básicos da cidadania. É o caso de lembrarmos aqui a formulação de Hannah Arendt: a cidadania, para ela, é "o direito a ter direitos". Mas, para ter direitos, é preciso conhecê-los e saber como garanti-los. Nessa perspectiva, esses programas apelativos de sensacionalismo policial constituem um atentado à cidadania. Eles desinformam o telespectador sobre a organização dos direitos e iludem o desinformado com soluções violentas que conduzem à barbárie. De modo oportunista, eles confundem inquérito com julgamento, fazem apologia (dissimulada ou nem tanto) da pena de morte como se ela prescindisse de julgamento justo, como se ela fosse uma execução sumária ("solução relâmpago"). Esses programas ofendem a dignidade daqueles que são presos como suspeitos e se vêem submetidos a interrogatórios diante das câmeras; transformam policiais em atores de cenas de perseguição como nos filmes de ação, desviando-os das suas funções primordiais.

O sensacionalismo agrava a paranóia no público, obscurece a razão e contribui para "desesclarecer" o telespectador, além de estimular bandos de extermínio, justiceiros e outras deformações.

Há também a humilhação sistemática dos humildes, presos como suspeitos, que são convertidos em atrações mórbidas para assegurar a audiência. Por que os ricos nunca aparecem como suspeitos nesse tipo de circo? Por isso, suspeitos de crimes devem ser protegidos da exposição pública, devem ter assegurado o seu direito de não dar "entrevistas" aos programas sensacionalistas. Eles não são obrigados a aparecer ali. Ao contrário, têm direito de se preservar, e o delegado, responsável pelo inquérito, deveria ser o responsável por protegê-lo das câmeras. Não se pense que isso restringe o direito de informar e de ser informado: nos crimes menores de que falamos aqui, os crimes que emergem da miséria, a exploração do nome e da imagem dos suspeitos pobres e anônimos, o espetáculo que se monta com sua dor e sua vergonha, em nada contribui para o conteúdo da notícia que eventualmente exista no fato. Não há, quase nunca, um interesse público que justifique tamanha exposição.

Não devemos descartar a hipótese de que, nesse campo, o Ministério Público possa encontrar maneiras de pleitear que tudo o que seja considerado desinformativo em matéria de direitos seja retificado no dia seguinte. Houve apologia da pena de morte como se ela fosse uma execução sumária, houve incentivo a linchamentos? No dia seguinte, o mesmo apresentador, no mesmo programa, estaria obrigado a se corrigir. É mais ou menos o que já acontece durante as campanhas eleitorais, mas com uma distinção. Durante as campanhas políticas, o que motiva as retificações diárias é o direito de resposta do ofendido. No nosso caso não há um ofendido em particular: o que foi ofendido foi o direito de todos. O mecanismo, então, seria outro, algo próximo da ação civil pública, cuja finalidade é a proteção do direito difuso. O acesso a informações sobre os próprios direitos seria o bem tutelado. Trata-se, naturalmente, de uma hipótese, de uma possibilidade que, se tiver chances de viabilidade legal, precisa de uma discussão mais ampla.

3) Ser respeitado em sua condição religiosa, sexual, étnica, ideológica ou de nacionalidade.

A manifestação de preconceitos pela TV ofende a integridade de alguns em particular e a dignidade de todos, no plano geral (a manifestação de toda forma de discriminação preconceituosa contribui para degradar o todo, acima dos indivíduos). O telespectador liga o aparelho, acomoda-se no sofá, e começa a ser agredido sem mais nem menos. Sua cor de pele é xingada, sua opção sexual é aviltada, sua religião, ridicularizada. Por isso, é preciso proclamar, por mais óbvio que pareça: o telespectador tem o direito de não ser ofendido quando liga a televisão. E tem o direito de exigir isso.

4) Escolher o que entra ou não entra na TV de sua própria casa.

As atrações saem da emissora e vão para os lares brasileiros graças aos sinais eletrônicos. A tecnologia já permite que os sinais de cada uma dessas atrações (cada telejornal, cada filme, cada *show* de auditório, tudo) carreguem junto uma espécie de selo eletrônico, com informações sobre a natureza daquele programa: se tem cenas de sexo ou de violência, a que faixa etária se destina etc. A proposta do V-Chip permite que os televisores, automaticamente, decifrem essas classificações eletrônicas de cada programa "autorizando-o" ou "desautorizando-o" a ser exibido ali naquele televisor específico. A "autorização" depende das escolhas que o dono daquele televisor fez ao programar o seu V-chip[3].

Claro que qualquer censura é abjeta. Todos devem ter o direito de veicular tudo. Em contrapartida, o telespectador deve ter assegurado o seu direito de filtrar o que entra ou não entra em sua casa (direito que tem sido sistematicamente ignorado). Quem decide o que vai passar na televisão de cada casa não é a emissora nem o Estado, mas o dono da casa. A emissora deve ter o direito de veicular o que quiser, sem sofrer nenhuma forma de censura. Cada família deve ter o direito de selecionar o que será ou não será autorizado em sua própria casa.

5) Ter uma alternativa às redes nacionais obrigatórias.

As transmissões oficiais, quando acontecem num horário único, retiram do telespectador o seu direito à escolha. Que se garanta a veiculação das mensagens que os poderes da República julguem de interesse público, mas é desejável que encon-

---

3 Ver, a esse respeito, entrevista de José Bonifácio de Oliveira Sobrinho, o Boni, a Mario Sergio Conti, na revista *Veja* de 3 dez. 1997:
"Veja: Você é a favor de algum tipo de controle ou censura da televisão?
Boni: Sou favorável ao V-chip, um aparelhinho que fica embutido no televisor e, quando ativado, o desliga. É ativado por meio de um código transmitido pelas emissoras no início de cada programa. O código avisa: será apresentado a seguir um programa com cenas de nudez, ou de sexo explícito, ou com linguagem chula, ou violência, e o V-chip desligará o televisor caso o telespectador o tenha programado com um dos itens. Nos Estados Unidos, os televisores já têm de sair de fábrica com o V-chip. O prazo para que as emissoras e a indústria de entretenimento elaborem um sistema de classificação encerra-se em fevereiro de 1998. Se o sistema não ficar pronto, o FCC, a agência de comunicação americana, fará um código à revelia da indústria. Prevê-se que em julho de 1999 o sistema esteja implantado em 50% dos televisores americanos. O V-chip impossibilita a censura e coloca o controle na mão do espectador, em casa."

trem fórmulas para se respeitar o direito de escolha do telespectador. Uma dessas fórmulas poderia ser a veiculação do programa em horários diferentes por emissora; outra, o revezamento entre as emissoras que cubram uma mesma região.

6) Ter acesso a bancos de imagem com a memória da TV brasileira.

As bibliotecas devem ser públicas porque a democracia pressupõe que o acesso à informação também deve ser público. Mas hoje boa parte da informação já não se encontra nos livros: ela está nas imagens eletrônicas da televisão. É preciso construir bancos de dados de imagens em vídeo. Públicos.

7) Telefonar, mandar faxes, cartas ou e-mails para as emissoras – e para os anunciantes – e, ser bem atendido e obter respostas satisfatórias.

O telespectador deve ser ouvido pelas emissoras não apenas quando é convidado, mas quando pensa ter algo importante a dizer. É direito seu obter uma resposta esclarecedora e gentil. Qualquer jornal impresso tem uma seção dedicada às cartas que são enviadas pelos leitores. O mesmo não ocorre com as emissoras de televisão, que são concessão pública! As emissoras não apenas devem garantir visibilidade às opiniões dos telespectadores, mas manter um espaço semanal, conduzido por um *ombudsman* independente, que responda e comente essas opiniões.

8) Defender-se.

Não existe, atualmente, um Instituto de Defesa do Telespectador. Precisa ser inventado. Seria uma entidade da sociedade civil, mas com apoio do poder público, e teria a missão de difundir os direitos do telespectador, de estimular a visão crítica, de orientar discussões nas escolas, principalmente com as crianças (que passam pelo menos três horas diante da TV e nunca elaboram o que vêem, nunca têm a chance de conversar ordenadamente sobre isso), e de dar seguimento às queixas dos telespectadores. Para isso, precisaria estar juridicamente equipada e politicamente enraizada, sendo capaz de contatar rapidamente as próprias emissoras, de acionar as autoridades e de mover ações na Justiça. Há estudos que indicam a possibilidade de se recorrer à modalidade da ação civil pública, que visa proteger direitos difusos, quando se trata de proteger direitos como o de informação ou o de violação de direitos da criança e do adolescente em programas de TV.

9) Criar grupos ou associações (permanentes ou transitórias) para protestar e se fazer ouvir.

Muito do que se fala aqui pode e deve ser garantido pelos próprios telespectadores. A sociedade é capaz de criar organismos que dêem visibilidade aos direitos dos telespectadores. Mais importante do que controlar o que vai dentro da TV é despertar e estimular a capacidade crítica dos telespectadores, principalmente do público infantil, para conviver de forma menos passiva com a televisão. Nesse sentido, a constituição desses grupos, de modo bastante destacado nas escolas, desempenharia um papel relevante.

10) Participar da outorga de concessões de canais às empresas privadas e participar também do controle do cumprimento dos termos dessas concessões.

É preciso pensar num compromisso, um contrato ético que fosse assinado e lido em voz alta, diante de representantes do Congresso Nacional, por todos os que ganhassem concessões de rádio e televisão. Esse quase juramento teria o efeito de subordinar a emissora ao poder que representa a vontade popular, e seria transmitido pelos canais envolvidos na concessão. Caso desobedecesse aos termos desse contrato, o concessionário estaria sujeito às penalidades previstas. Além disso, anualmente, a verificação de cumprimento dos termos da concessão deveria ser transformada num programa de TV com possibilidade de participação do público, por meio de tecnologias interativas. Um exemplo: a pergunta sobre a decisão de se renovar ou não uma concessão deveria também ser aberta à opinião do cidadão, por meio de internet ou telefone, ainda que em caráter meramente consultivo.

FONTES DOS ARTIGOS

EUGÊNIO BUCCI

A CRÍTICA DE TELEVISÃO (p. 29): artigo publicado em Maria Helena Martins (org.), *Rumos da crítica* (São Paulo, Senac/Itaú Cultural, 2000), p. 101-15.

COMO A VIOLÊNCIA NA TV ALIMENTA A VIOLÊNCIA REAL – DA POLÍCIA (p. 111): artigo publicado na *Revista USP*, n. 48, Dossiê Comunicação, dez.-jan.-fev. 2000-2001, p. 68-73.

LINHA DIRETA. COM QUEM? (p. 120): artigo publicado na revista *Comunicação & Educação*, n. 17 (São Paulo, Segmento – USP, 2000), p. 91-4.

NA TV, OS CÂNONES DO JORNALISMO SÃO ANACRÔNICOS (p. 127): texto originalmente apresentado como conferência, com o título de "Ética e cultura de massas", durante o Seminário "Ética e Cultura", no SESC (sede da Vila Mariana, São Paulo-SP), em 19 out. 2001.

A SOLIDARIEDADE QUE NÃO TEME APARECER (OU O VOLUNTARIADO PARA AJUDAR A QUEM AJUDA) (p. 180): uma versão reduzida deste artigo integra a coletânea *Sonhando juntos*, organizada por Milú Villela e publicada pelo Instituto Brasil Voluntário por ocasião do Ano Internacional do Voluntário, 2001.

A HISTÓRIA NA ERA DE SUA REPRODUTIBILIDADE TÉCNICA (p. 191): texto inédito.

AINDA SOB O SIGNO DA GLOBO (p. 220): artigo inédito no Brasil; resumo de texto originalmente publicado em francês: "Le Brésil sous le signe de Globo", revista *Problèmes d'Amérique Latine*, n. 43, p. 63 84, out.-dez. 2001.

DIREITOS DO TELESPECTADOR (p. 241): uma primeira versão destes direitos do telespectador foi publicada em 20 de janeiro de 1997 na revista *on-line*

Observatório da Imprensa, com o título "Em busca dos direitos do telespectador" (o endereço na internet é: http://observatório.ultimosegundo.ig.com.br/arq2001/mat2001a.htm). Depois, com algumas contribuições de leitores e de interlocutores do grupo TVer, houve uma nova publicação, na revista *Teoria & Debate*, em março de 1998. Para a presente versão, preparada para o *site* do grupo TVer, em julho de 1999, o autor contou com a fundamental contribuição de Maria Rita Kehl.

Maria Rita Kehl

O ESPETÁCULO COMO MEIO DE SUBJETIVAÇÃO (p. 43): baseado em texto escrito para conferência em comemoração aos cem anos do nascimento de Theodor Adorno no Instituto Goethe, São Paulo, 28 out. 2003; mesa-redonda com Ismail Xavier.

FETICHISMO (p. 63): texto originalmente publicado em Emir Sader (org.), *Os sete pecados do capital* (Rio de Janeiro, Record, 1999).

TELEVISÃO E VIOLÊNCIA DO IMAGINÁRIO (p. 87): artigo baseado em palestra realizada no seminário "Mentes e mídia: a criança na era digital", do Instituto Sedes Sapientiae, em junho de 2000, em São Paulo.

VISIBILIDADE E ESPETÁCULO (p. 141): artigo publicado na *Revista de Psicologia Clínica* da PUC/RJ, v. 14, n. 1, 2002.

TRÊS OBSERVAÇÕES SOBRE OS *REALITY SHOWS* (p. 165): as três seções que compõem este artigo saíram na imprensa, respectivamente, em: revista *Veredas*, editada pelo Centro Cultural Banco do Brasil do Rio de Janeiro; revista *Época* e suplemento dominical do *Correio Braziliense*.

COM QUE CORPO EU VOU? (p. 174): publicado originalmente no caderno Mais! do jornal *Folha de S.Paulo*.